rororo sprachen
Herausgegeben von
Ludwig Moos

Auch bei den Franzosen gibt es etwas zu lachen. Was läge also näher, als Sprechsituationen über Witze meistern zu lernen. Mit «La conversation en s'amusant» lernen Sie auf vergnügliche Weise, Kontakte zu knüpfen, Gefühle auszudrücken oder Sorgen und Zweifel zu artikulieren. Sie erwerben Sprechstrategien des Erlaubens, Verbietens, Kritisierens, des Ab- und Zuratens und viele andere mehr. Lockere Tests überprüfen, ob der Lerneffekt gezündet hat. Ausführliche Worterklärungen sichern den Lacherfolg.
Robert Kleinschroth unterrichtet Englisch und Französisch am Gymnasium und leitet die Sprachschule eines Industriebetriebs. Zusammen mit René Bosewitz hat er in der Reihe ‹rororo sprachen› «Joke Your Way Through English Grammar» (8527) und «Joke by Joke to Conversation» (8795) veröffentlicht, zusammen mit Dieter Maupai den Band «La Grammaire en s'amusant» (8714).

CONVERSATION

Robert Kleinschroth

La Conversation en s'amusant

Sprechsituationen
mit Witz gemeistert

rororo
Rowohlt

Originalausgabe
Veröffentlicht im Rowohlt Taschenbuch Verlag GmbH,
Reinbek bei Hamburg, Mai 1991

Umschlagillustration Gerd Huss
Umschlagtypographie BÜRO Hamburg/Peter Wippermann
Kapitelstarter Mathias Hütter
Satz Times und Futura bei Jung SatzCentrum, Lahnau
PM 4.0 (Linotronic 330)
Gesamtherstellung Clausen & Bosse, Leck
Printed in Germany
1480-ISBN 3 499 18873 2

Table des matières

Inhalt

Vorwort

La Conversation en s'amusant – das Sprachbuch der dritten Art

Aller guten Dinge sind drei. Drei Bücher brauchen wir, um eine Sprache zu lernen. Ein Wörterbuch für Wortschatz und idiomatische Ausdrücke, denn mit Wörtern, Mimik und Gestik können wir einige Zeit im fremden Land überleben. Doch bald brauchen wir ein zweites Buch, eine Grammatik, um mit unseren Wörtern Sätze zu bauen. Mit Wörterbuch und Grammatik lernen wir das Schulfranzösisch, mit dem wir Deutsche im internationalen Vergleich nicht schlecht abschneiden.

La Conversation en s'amusant ist ein Buch der dritten Art, ebenso wichtig und seriös wie Wörterbuch und Grammatik, obwohl es mit seinen rund fünfhundert ausgewählten Witzen und Anekdoten auch eine Anthologie des französischen Humors ist. Es hilft Ihnen, mit viel Witz in etwa hundert Situationen des Alltags das rechte Wort zur rechten Zeit zu finden und Ihre Gefühle, Wünsche, Sorgen und Meinungen so zu «verpacken», wie es der gebildete Franzose zu tun pflegt. Sie werden einen Schritt vom Schulfranzösisch weg hin zur Sprachbeherrschung tun. Um eine Sprechsituation zu meistern, müssen wir zum Beispiel über die sprachlichen Schachzüge und Redemittel, die *actes de paroles,* verfügen, die es erlauben, unsere Argumente, Vorschläge und Beschwerden wirkungsvoll in das Gespräch einzubringen oder auf die der Partner schnell zu reagieren.

So lernen Sie in diesem Buch Bekanntschaften zu schließen, Einladungen anzunehmen oder abzulehnen, Ihre Meinung zu sagen, Zustimmung oder Ablehnung zu äußern, Vorschläge und Komplimente zu machen oder partnergerechte Kritik zu üben, um nur einiges zu nennen. Wie sagen Sie Ihrem Ehepartner, Ihrem Vorgesetzten, daß er zuviel Alkohol trinkt? Mit Schulfranzösisch, das wir vor zehn oder zwanzig Jahren gelernt haben, reicht es für die saft- und kraftlose Feststellung: *«Vous buvez (tu bois) trop d'alcool.»* Der fortgeschrittene Leser weiß wahrscheinlich, daß er diesen Sachverhalt seinem Chauffeur mit den Worten: *«Votre conduite est inadmissible, Charles. J'en ai assez, une fois pour toutes!»* vorhalten darf. Der gute Charles müßte umgekehrt, wollte er seinen Job behalten, unbedingt so formulieren: *«Excusez-moi de vous déranger, monsieur. Si je peux me permettre de vous apporter une tasse de thé, pour vous changer un peu?»* Die Ehefrau mag denken *«Tu bois comme un trou! L'alcool te perdra!»* wird aber, wenn sie klug ist, es erst einmal mit *«Chéri, moi à ta place, je ferais plus attention à ma santé»* versuchen.

Neben solchen Sprachkonventionen und Sprechstrategien lernen Sie, wie man seine Haltung und seine Gefühle der Situation und dem Partner gegenüber angemessen zum Ausdruck bringt. Wer dies nicht vermag, wird aus Angst vor Versagen immer wieder in die mißliche Lage kommen, daß ihm trotz Wortschatz und Grammatik die Worte fehlen, um das auszudrücken, was ihn bewegt oder was er meint. Dieses Buch verhilft Ihnen zu der situationsgerechten sprachlichen Verpackung, mit der Sie Ihre Meinungen und Gefühle differenziert und idiomatisch richtig verpacken können. Sie halten also die Kombination aus einem Knigge und einem Ratgeber für französische Sprechsituationen in Händen – Situationen, denen der Mensch nicht ausweichen kann.

Erste Witze – erster Test

Liebe Leserin, lieber Leser,
können Sie diese Witze verstehen? Werfen Sie dabei ruhig einen Blick auf die Vokabelhilfen. Gefallen Ihnen die Witze? Wenn ja, sind Sie die ideale Leserin, beziehungsweise der ideale Leser. Konnten Sie hier noch nicht schmunzeln, so lachen Sie ein paar Seiten weiter.

Anne: Tu m'aimes vraiment, Charles?
René: Charles? Pourquoi Charles? Je suis René!
Anne: Oh, je croyais que nous étions jeudi.[1]

***

René: Tu m'as promis que nous nous marierons[2] cet été[3].
Anne: C'est vrai, mais dis-moi franchement, est-ce qu'on peut appeler ça un été?

***

Au marché, une dame élégante regarde d'un air critique[4] les pommes de terre:
– Dites-moi, ces pommes de terre, elles sont bien de Hollande?
– Dites, répond la marchande, vous voulez les manger ou leur faire la conversation?

***

Lettre reçue au courrier du coeur[5]:
Je l'aime, elle m'aime. Nos parents sont d'accord. Que faire?

***

Le nouveau gardien de musée[6] vient de terminer sa première journée de travail et fait fièrement[7] son rapport au directeur du musée: «Vous pouvez vraiment être fier[7] de moi. J'ai déjà vendu deux Picassos et un Rembrandt.»

Vokabelhilfen: [1] Ich dachte, wir hätten Donnerstag; [2] Du hast mir versprochen, daß wir heiraten; [3] Sommer; [4] mit kritischer Miene; [5] Kummerkasten einer Zeitung; [6] Museumswärter; [7] stolz.

Ein Wort zur Methode

Warum Witze, Graffiti und humorvolle Zitate? Die Beispiele herkömmlicher Sprachbücher haben einige Nachteile für das Erlernen einer Sprache. Meist sind sie künstlich konstruiert, banal und ohne Zusammenhang. Sie machen deshalb keinen Sinn für den Leser. Sinnlose, zusammenhanglose Sätze aber prägen sich schlecht ein.

Der Witz ist ein kurzer, abgeschlossener Text, der eine Situation schildert oder eine kleine Geschichte in lebendiger Umgangssprache erzählt. Mit diesem Buch lernen Sie Sprache im Kontext, eingebettet in Situationen.

Ferner ist ein Witz mit Pointe eine intellektuelle Herausforderung. Man liest ihn, bis man ihn verstanden hat. Ist der Witz gut, wird man ihn weitererzählen. Kein zusammenhangloser Beispielsatz motiviert zu diesen Wiederholungen und Anwendungen. Wiederholen und Anwenden aber ist das A und O des Sprachenlernens.

Und schließlich verhilft uns eine gute Pointe zu einem «Aha-Erlebnis». Deshalb geht ein Witz viel leichter vom Kurzzeitgedächtnis in das Langzeitgedächtnis über als banale Lehrbuchbeispiele.

Der Aufbau des Buches

Die Kapitel können unabhängig von einander gelesen und genossen werden. Dennoch folgt ihre Anordnung einer natürlichen Logik: Sie sprechen einen Franzosen an, werden sein Gast und bestehen sprachlich verschiedene Einladungen. Nach näherer Bekanntschaft wird man über seine Gesundheit sprechen, seine Sorgen teilen, Ratschläge annehmen oder ablehnen, um Gefallen bitten, seine Meinung äußern und schließlich auch einmal Kritik üben, um nur einige Kapitel anzusprechen.

Die einzelnen Kapitel können in beliebiger Reihenfolge gelesen werden, die rechten Seiten sind für sich allein eine Anthologie des französischen Humors, sie enthalten die Beispiele zu den Sprechfunktionen.

Die linken Seiten sind in ihrer Gesamtheit ein kleines Lexikon der Redemittel. Sie helfen Ihnen, sich schnell auf eine Situation sprachlich vorzubereiten und einzustellen. Fast alle Ausdrücke und Wendungen wurden übersetzt. Sollte das einmal nicht der Fall sein, finden Sie am Fuß der Seite ausreichende Vokabelhilfen. Der Wegweiser auf den folgenden Seiten hilft Ihnen, sich in den über hundert Sprechsituationen der siebzehn Kapitel zurechtzufinden.

Auch wenn Sie nicht über jeden Witz lachen können, sollen Sie doch jeden Witz verstehen. Dafür sorgt das ausführliche Wörterverzeichnis am Ende des Buches.

Eine heitere Testseite am Ende eines jeden Kapitels lädt Sie ein, das Gelernte zu überprüfen und zu vertiefen. Die Lösungen des Tests finden Sie im Anhang.

Der Verfasser wünscht Ihnen viel Vergnügen!

Ich danke meiner Frau Ursula für die sorgfältige Durchsicht des Manuskripts und die vielen Anregungen. Bei Mme Danielle Schmitt bedanke ich mich für die Korrekturen und die gelungenen Übersetzungen.

Wegweiser zu 101 Sprechsituationen

Redemittel gegen Einsamkeit

Prendre contact

Sie verbringen Ihren Urlaub öfters in Frankreich? Sie wollen Ihre Französischkenntnisse aufpolieren? Nichts einfacher als das, wo Sie doch von über fünfzig Millionen Franzosen umgeben sind: fünfzig Millionen Lehrer und sprachliche Vorbilder. Mit Kontaktfreude und unseren sprachlichen Eisbrechern wird die Gesprächsanbahnung glücken.

Redemittel gegen Einsamkeit

1. Klassische Methoden der Gesprächsanbahnung

Der erste Schritt:

Wenn Sie einen Kontakt herstellen wollen, bedienen Sie sich der **universalen Gesprächseröffnung,** ganz gleich in welcher Sprechsituation Sie sich gerade befinden:

Excusez-moi, madame, mademoiselle, monsieur.

Der zweite Schritt:

Nur eine Jane Fonda oder ein Robert Redford dürfen den direkten Weg des Anbandelns beschreiten:

J'aimerais faire votre connaissance, madame.
Ich würde Sie gerne näher kennenlernen.

Gewöhnliche Sterbliche gehen den Umweg über ein **Hilfsangebot** oder **zeigen Interesse** für den künftigen Gesprächspartner:

Je peux vous aider?	Kann ich Ihnen helfen?
Vous êtes de la région?	Sind Sie aus der Gegend?
Vous êtes étranger(-ère)?	Sind Sie Ausländer(in)?
Vous vous plaisez ici?	Gefällt es Ihnen hier?
Vous venez souvent ici?	Kommen Sie oft hierher?
Vous êtes en vacances ici?	Sind Sie auf Urlaub hier?
Qu'est-ce que vous faites dans la vie?	Was machen Sie beruflich?

Prendre contact

On est en train de tourner une scène d'amour. Un acteur, seulement vêtu d'une veste de pyjama, embrasse sa partenaire aux formes opulentes à peine dissimulées par un déshabillé de nylon. Pendant une pause, l'acteur avoue timidement à l'actrice:

– **J'aimerais bien faire votre connaissance, mademoiselle. Qu'est-ce que vous diriez d'**aller boire un café au tabac du coin, après le tournage?

***

Un touriste français en visite à Kottbus s'ennuie dans un bar presque vide. Le barman essaie d'entamer une conversation:

– **Excusez-moi, monsieur, vous êtes en vacances?**
– Hélas, oui.
– **Vous ne vous plaisez pas ici?**
– Comment voulez-vous que je me plaise ici. Il n'y a pas de vie nocturne dans ce trou?
– Hélas, non, répond le barman, elle est malade depuis une semaine.

***

Prise de contact à l'anglaise:

Après un naufrage, deux Anglais se retrouvent sauvés sur une petite île. Après trois jours, le premier essaie de prendre contact:

– **Excusez-moi, sir, vous êtes Anglais?**
– Yes, sir.

Deux jours plus tard, le deuxième s'approche du premier:

– **Excusez-moi, sir, vous êtes homosexuel?**
– Yes, sir.

Le lendemain, il revient pour poser la question décisive:

– Oxford?
– No, Cambridge.

Et l'autre, poussant un soupir, dit:

– Sorry, et s'en va.

Redemittel gegen Einsamkeit

Eine klassische Variante des **Hilfsangebots** ist die **Bitte um Hilfe** oder die Bitte um Auskunft.
Vergessen Sie aber den **ersten Schritt** nicht:

Excusez-moi de vous déranger, monsieur/madame.
Entschuldigen Sie die Störung.

Pourriez-vous m'aider, s. v. p. Je suis étrangère?
Könnten Sie mir bitte helfen? Ich bin fremd hier.

Pourriez-vous me donner un renseignement, mademoiselle?
Darf ich Sie um eine Auskunft bitten?

Pourriez-vous me rendre un service, s'il vous plaît?
Könnten Sie mir bitte einen Gefallen tun?

Excusez, mademoiselle, quelle heure est-il, s. v. p.?
Entschuldigen Sie, wie spät ist es bitte?

Pardon, monsieur, je cherche la gare de l'Est, s. v. p.
Verzeihen Sie bitte, ich suche den Ostbahnhof.

Dites, vous pouvez me dire où est l'hôtel Georges V?
Ach, könnten Sie mir sagen, wo das Hotel Georges V ist?

Vergessen Sie nicht, sich zu bedanken:

Merci mille fois, monsieur.
Tausend Dank.
Vous êtes vraiment très aimable.
Das ist wirklich sehr freundlich von Ihnen.

Prendre contact

Un touriste arrive à Londres par un brouillard épais. Ne voyant presque rien, il bouscule une jeune fille dans la rue:

– **Pardon, mademoiselle, mais je ne l'ai pas fait exprès.**
– C'est pas grave, monsieur, répond la jeune fille.
– **Vous êtes de la région, mademoiselle? Il fait parfois beau ici?**
– Je ne sais pas, fait la jeune fille, je n'ai que 17 ans.

***

George Bernard Shaw est invité au vernissage d'un peintre ami. Un critique qui espère lier conversation lui demande:

– **Excusez-moi, maître, pourriez-vous m'indiquer les toilettes?**
– Prenez cette direction, au bout du couloir vous verrez une porte où il est écrit: «Gentlemen». Alors vous entrez quand même.

***

Un monsieur arrête une passante sur un pont de la Seine:

– **Excusez-moi, mademoiselle, pourriez-vous me raccompagner à mon hôtel?** J'ai laissé tomber mes lunettes dans la Loire.
– Mais nous sommes à Paris, monsieur, c'est la Seine.
– Oh, vous savez, moi, sans mes lunettes, je ne fais plus la différence.

***

Sur les Champs-Elysées un jeune homme demande à une Parisienne:

– **Excusez-moi, mademoiselle, pourriez-vous m'aider, s'il vous plaît? Vous n'avez pas vu par hasard** un camion de singes?
– Pourquoi? Vous en êtes tombé?

***

A Londres, par un temps de brouillard épouvantable, un touriste français demande son chemin à un homme complètement trempé:

– **Pardon, monsieur, vous pouvez me dire où est la Tamise? Avec ce brouillard-là on risque de tomber dedans.**
– La Tamise? Elle est juste derrière moi.
– Vous en êtes sûr?
– Et comment! J'en sors.

Redemittel gegen Einsamkeit

Der *déjà*-vu-Trick:

On s'est déjà vu quelque part?	**Je ne crois pas.**
On se connaît, n'est-ce pas?	**Pas que je sache.**[1]
Vous vous souvenez de moi?	**Non, je suis désolé(e).**
Vous me remettez?[2]	**Ah, oui. Bien sûr.**
Vous êtes aussi de Lyon?	**Oui, quelle coïncidence!**[3]
	Comme le monde est petit!

Die soziale Rolle der Zigarette oder der Zigarettentrick:

Vous fumez?	**Oui. Vous avez du feu?**
Vous voulez une cigarette?	**Merci, je ne fume pas.**
Vous en voulez une?	**Je veux bien, merci.**
Prends-en une[4]**.**	**Non, merci.**
Tu as du feu sur toi?	**Non, je regrette.**

2. Vom ersten Kontakt zur Bekanntschaft

So finden Sie heraus, ob Ihr Interesse erwidert wird:

Qu'est-ce que vous faites maintenant?
Vous avez un moment de libre?
Vous ne faites rien de spécial ce soir?
Vous êtes occupé(e)[5] **ce soir?**
Vous avez déjà des projets[6] **pour ce soir?**

Réponse: **Je n'ai rien à faire de spécial.**

Vokabelhilfen: [1] nicht, daß ich wüßte; [2] erinnern Sie sich an mich? [3] Zufall; [4] nimm eine; [5] beschäftigt sein; [6] etwas vorhaben.

Prendre contact

Un monsieur, la figure pleine de cicatrices, entre chez un coiffeur. Celui-ci le regarde un bon moment, puis lui demande:

– **On s'est déjà rencontré quelque part?**
– **Pas que je sache,** répond le monsieur, ce sont des souvenirs de guerre.

***

Dans le compartiment d'un train, un jeune homme très timide croise le regard de la jeune fille assise en face de lui. Il n'ose pas lui adresser la parole. La demoiselle l'interpelle:

– **On se connaît? Je m'appelle Annie. Et vous?**
– Euh ..., réplique le jeune homme en rougissant, ... moi pas.

***

Un automobiliste ouvre les yeux sur un lit d'hôpital. Avec surprise, il regarde son voisin de lit:

– **Il me semble vous avoir déjà rencontré!** lui dit-il après un bon moment.
– Hélas! C'est vrai, reconnaît l'autre, c'est pour ça que nous sommes ici tous les deux.

***

Un nain rencontre un autre nain.

– **Ça alors. Quelle coïncidence! Comme le monde est petit!**

***

Dans un camp de naturistes, un garçon, en tenue d'Adam, une cigarette à la bouche, s'approche d'une jeune fille, en tenue d'Eve, dont il veut faire la connaissance et lui dit:

– **Est-ce que par hasard, tu aurais du feu sur toi?**

***

– **Vous fumez, mademoiselle? Vous voulez une cigarette?**
– **Non merci.**
– **Ça ne vous dérange pas si je fume?**
– Non, si ça ne vous dérange pas que je tousse.

Redemittel gegen Einsamkeit

Sich und andere vorstellen:

Vorstellen:
Permettez que je me présente, je suis …
Monsieur Dupont, je vous présente Madame Chabert.
Madame Chabert, je vous présente Monsieur Dupont.
Antwort:
Enchanté(e) de faire votre connaissance, madame.
(Je suis) très heureux(se) de vous connaître.
Ich freue mich, Sie kennenzulernen.

Mit Vorschlägen und Einladungen pflegen Sie den ersten Kontakt:

Si vous voulez on pourrait …	Wenn Sie wollen, könnten wir …
Qu'est-ce que vous diriez de …?	Was halten Sie von …?
Ça te dirait de …?	Hättest du Lust zu …?
Ça te ferait plaisir de …?	Würdest du gerne …?
Permettez-moi de vous inviter.	Gestatten Sie, daß ich Sie einlade?
Laissez-moi vous inviter.	Ich darf Sie doch einladen?

3. Einladungen

annehmen und	höflich ablehnen
D'accord.	**Je regrette, mais c'est impossible.**
Bonne idée!	**Je suis désolé(e), mais …**
Avec plaisir.	**Je suis confus(e), mais …**
Volontiers.	**Comme c'est dommage! Mais …**
Très volontiers.	**Dommage! Mais je suis déjà invité(e).**

Prendre contact

Un garçon de treize ans est invité pour la première fois dans sa vie à une surprise-partie. Il s'approche d'une ravissante jeune fille:

– **Ça vous dirait de danser avec moi?** Lui demande-t-il.
– **Je regrette, mais** je ne danse pas avec un enfant, répond-elle d'une voix très snob.
– Oh, excusez-moi, fait le gamin, je ne savais pas que vous étiez enceinte.

***

Une jeune femme, que son mari vient de surprendre au lit avec son amant, fait les présentations entre l'homme tout nu et son époux furieux:

– **Pierre, je te présente Frédéric … Frédéric, je te présente Pierre.** Bon …, pendant que vous faites connaissance je vais appeler une ambulance.

***

Un individu en pitoyable état se présente à la porte du Paradis.

– Qui êtes-vous? demande-t-il au vieillard à la barbe blanche qui l'accueille.
– Je suis Saint Pierre.
– **Très heureux de faire votre connaissance.** Mais ce que je voudrais, d'abord, c'est dire deux mots à Saint Christophe.

***

Un jeune homme pénètre dans une chambre d'hôpital où une dame se trouve au chevet d'une jeune malade.
La dame demande au jeune homme:

– A quel titre voulez-vous la voir?
– Heu …, **permettez que je me présente: je suis** son frère.
– **Enchantée de vous connaître, monsieur,** répond la dame. **Je suis sa** mère.

Redemittel gegen Einsamkeit

4. Gruß, Anrede und das werte Befinden

Die förmliche Begrüßung:

Bonjour,	**madame, monsieur.** **mademoiselle.** **docteur.** **(mon) capitaine.** **monsieur le maire.**	<u>Merke:</u> Anders als bei uns, nennt der Franzose den Familiennamen nicht. Damen dürfen das ***mon*** getrost weglassen.

Der Gruß unter guten Bekannten:

Salut,	**Dupont.** **Annie.** **Jean.**	<u>Merke:</u> An ***Salut*** wird nie ein ***monsieur, madame*** angehängt.

Der Begrüßung folgt in der Regel die Frage nach dem werten Befinden:

Frage	Antwort
Ça va?	**Ça va.**
Ça va bien?	**Comme ci, comme ça.**
Vous allez bien?	**Pas trop mal, et vous?**
Comment allez-vous?	**Très bien. Merci. Et vous?**

Prendre contact

Au cours d'un dîner, une dame, assise à côté d'un professeur de médecine lui dit:

– Excusez-moi, comment dois-je vous appeler: **docteur, maître ou professeur?**
– Vous savez, répond en riant son voisin de table, mes étudiants, quand ils parlent de moi entre eux, ils m'appellent le plus souvent «vieil idiot».
– Oui, dit la dame. Mais eux, ils vous connaissent bien.

***

Un monsieur, qui traverse la rue distraitement en lisant son journal, se fait écraser par un rouleau compresseur. Le chauffeur descend précipitamment et lui demande d'une voix tremblante:

– **Comment vous sentez-vous?**
– **Très à plat.**

***

Une voyante téléphone à une autre voyante.

– **Allô? Vous allez très bien, merci. Et moi-même?**

***

Docteur:	Bonjour, mon cher. **Comment allez-vous aujourd'hui?**
Client:	**Comme ci, comme ça.** Je crains de perdre ma mémoire.
Docteur:	Et ça a commencé quand?
Client:	Quoi? Qu'est-ce qui a commencé quand?

***

Docteur:	**Vous allez bien?**
Client:	Oh! **Pas trop bien.** J'ai mal à l'estomac.
Docteur:	Bien, déshabillez-vous. Je vais vous examiner.
	Une demi-heure plus tard:
Docteur:	Eh bien, monsieur, je ne peux trouver quoi que ce soit. C'est peut-être l'alcool.
Client:	Bon, dans ce cas je reviendrai quand vous serez sobre.

Redemittel gegen Einsamkeit

5. Redemittel für die weiteren Begegnungen

Nach dem flüchtigen Austausch **«Ça va?»** – **«Ça va.»** können zwei Bekannte auf der Straße weitergehen. Mit folgenden Redemitteln fordert man zu einem kurzen Plausch auf.

Heureux(se) de te revoir.	Freut mich, dich wiederzusehen.
Tiens! Je suis très content(e) de te revoir.	Sieh mal einer an! Ich freue mich, dich wiederzusehen.
Qu'est-ce que tu deviens?	Was treibst du so?
Il y a une éternité que je ne t'ai pas vu(e).	Ich habe dich ewig nicht mehr gesehen.
Où as-tu été tout le temps?	Wo hast du die ganze Zeit gesteckt?
Comment vont ta femme et les enfants?	Wie geht es deiner Frau und den Kindern?
Tu n'as pas changé du tout.	Du hast dich überhaupt nicht verändert.

***

Robert: **Salut, René. Qu'est-ce que tu deviens?**
René: Je ne fais plus collection de timbres. A présent, je collectionne les gestes obscènes.
Robert: Pas vrai! Montre-m'en un!
René: Impossible. Je ne fais que des échanges.

Prendre contact

Un commerçant écossais rencontre un acteur connu de ses amis.
- **Tiens! Je suis bien content de te voir.** Que fais-tu en ce moment?
- Je suis en train d'écrire mon autobiographie.
- Très bonne idée! répond l'Ecossais. En es-tu arrivé au jour où je t'ai prêté les trois mille livres?

***

A Hollywood, deux vedettes se rencontrent après s'être perdues de vue pendant plusieurs mois.
- **Tiens, c'est toi, Jane? Qu'est-ce que tu deviens?**
- Eh bien, je viens de me remarier pour la sixième fois.
- Et comment s'appelle ton nouvel époux?
- Heu ..., attends une minute. Je dois avoir sa carte dans mon sac.

***

René, très distrait, rencontre un ami et sa femme qu'il n'a pas vus depuis deux ans:
- **Heureux de te revoir. Qu'est-ce que tu deviens?** Toujours pas d'héritier?
- Eh non!

René se tourne vers la femme:
- Et vous non plus, madame?

***

Deux dames se rencontrent:
- **Tiens! Je suis très contente de vous revoir. Vous avez passé de bonnes vacances?**
- Epouvantable! Je suis restée dans le coma pendant une semaine.
- Eh oui, nous, on n'a pas eu de soleil non plus.

***

- **Heureux de te revoir. Où as-tu été tout le temps?**
- Au Kénia, en vacances. Terrible, de la pluie pendant quinze jours.
- Mais tu es tout bronzé quand même. Il y avait un solarium?
- Bronzé! Je ne suis pas bronzé, ç'est de la rouille.

Prendre contact

Test

1. Was hätten Sie gesagt? Ergänzen Sie sinngemäß.

Au cours d'une grande réception officielle une dame est présentée à un sénateur américain et elle lui dit en minaudant:
– (Ich freue mich, Ihre Bekanntschaft zu machen) **J'ai beaucoup entendu parler de vous!**
Alors l'autre réplique un peu alarmé:
– C'est possible, mais prouvez-le.

2. Wie antworten Sie auf diese Kontaktversuche eines Franzosen?

a) Ça va? ....
b) Comment allez-vous? ....
c) Permettez que je me présente. ....
Je suis Henri Dupont. ....
d) Vous me remettez? Non, ...
e) Vous êtes Français(se)? .... Allemand(e).
f) Vous êtes de quelle ville? .... Berlin.
g) Vous avez déjà des projets ....
pour ce soir? ....

3. Was sagen Sie, wenn Sie ...?

a) sich vorstellen wollen? ....
b) dem Herrn A den Herrn B ....
vorstellen? ....
c) jemandem Ihre Hilfe anbieten? ....
d) jemanden um Hilfe bitten? ....
e) jemanden um einen Gefallen ....
bitten? ....
f) einen alten Bekannten wieder- ....
treffen? ....

Sprachverhalten bei Einladungen

Le Savoir-vivre de l'hospitalité

Bei der Gastfreundlichkeit unserer französischen Nachbarn geraten Sie nach erfolgreicher *prise de contact* sehr wahrscheinlich in die nächste Standardsituation: Sie werden eingeladen. Damit Sie nicht sprachloses Mauerblümchen eines geselligen Abends bleiben, erhalten Sie in diesem Kapitel die idiomatische Grundausrüstung, die Ihnen erlaubt, Einladungen *à la française* anzunehmen (oder abzulehnen), sich zu bedanken und zu verabschieden.

Sprachverhalten bei Einladungen

1. Einladung und dankende Annahme

Je **zwangloser die Einladung,** desto gemütlicher der Abend:

Allez, viens, on fait une bouffe.	Komm, wir schlagen uns den Magen voll.
On prend un pot ensemble?	Gehen wir einen trinken?
Si tu es libre, tu es mon invité.	Wenn du Zeit hast, lade ich dich ein.
Restez donc, on dînera à la bonne franquette.	Bleiben Sie doch, wir essen einfach und ohne große Umstände.
Venez donc manger, sans cérémonie.	Kommen Sie doch einfach zum Essen, ohne große Umstände.

Bei Erstbegegnung mit Geschäftsfreunden wird mehr sprachlicher Aufwand getrieben:

Vous venez prendre l'apéritif chez moi?
Vous passez à la maison demain?
Venez donc dîner à la maison.
Permettez que je vous invite.
Je serais très heureux(se) de vous recevoir.
Je serais très honoré(e) si vous acceptiez mon invitation.

Die freundliche Einladung wird ebenso freundlich angenommen:

MERCI BEAUCOUP.

C'est d'accord, je viens.	**C'est très gentil.**
Nous viendrons avec plaisir.	**Nous acceptons volontiers.**
Merci de cette charmante invitation.	**Je vous remercie beaucoup de votre invitation.**

Le Savoir-vivre de l'hospitalité

Dans l'ascenseur de la tour Eiffel.

René: **Excusez-moi, mademoiselle, on prend un pot ensemble** au restaurant de la tour. Vous avez une ressemblance frappante avec ma quatrième femme!

Anne: **C'est très gentil, monsieur.** Mais dites, vous avez eu combien de femmes?

René: Trois.

***

Pour donner une leçon à Monsieur Hochecorne, l'homme le plus riche et le plus avare du village, le curé se met à genoux dans le petit jardin devant la maison de l'avare et commence à manger l'herbe. Hochecorne, inquiet, ouvre la porte:

- Qu'est-ce que vous faites là, monsieur le curé?
- Je suis en train de manger l'herbe parce que je crève de faim.
- Eh bien, monsieur le curé, fait l'avare rusé. **Entrez donc. Je serais très heureux de vous recevoir** dans mon jardin derrière la maison; l'herbe y est tellement plus longue et savoureuse.

***

Frédéric II a envoyé à Voltaire l'invitation suivante:

$$\frac{\text{p}}{\text{venez}} \text{ à } \frac{\text{ci}}{\text{sans}}$$

Voltaire a accepté d'une façon aussi spirituelle:

«G a» (Lösung Seite 248)

***

Oscar Wilde, qui n'a pas la mémoire des noms, donne un grand dîner à l'occasion de la première d'une de ses pièces. Il va à la rencontre d'une dame qui vient d'arriver:

- **Soyez la bienvenue, ma chère.** Asseyez-vous. Voilà un fauteuil.
- Je ne suis pas *«votre chère»,* monsieur, répond-elle. Je suis la baronne Rothschild.
- Eh bien, dans ce cas vous avez droit à deux fauteuils.

Sprachverhalten bei Einladungen

2. Die Redemittel der Gastfreundschaft

Jemanden willkommen heißen:

Je suis heureux/C'est un grand plaisir/de vous accueillir. Soyez le/la/les bienvenu(e/s)!	Ich freue mich/Es ist eine große Freude, Sie bei uns zu haben. Herzlich willkommen!

Gastgeschenke überreichen und sich bedanken:

Nous avons apporté quelques fleurs.	Wir haben Ihnen ein paar Blumen mitgebracht.
C'est très gentil, merci.	Danke, wie nett von Ihnen.
Quel beau bouquet!	Was für ein schöner Strauß!
Ces fleurs sont magnifiques!	Diese Blumen sind sehr hübsch.
Merci pour le joli cadeau.	Danke für das schöne Geschenk.

Speisen und Getränke anbieten:

Vous prenez l'apéritif?	Nehmen Sie einen Aperitif?
Qu'est-ce que je vous sers?	Was darf ich Ihnen anbieten?
Vous aimez le poisson?	Essen Sie gerne Fisch?
Je vous sers des haricots?	Darf ich Ihnen Bohnen auftun?
Du vin, vous en reprenez?	Nehmen Sie noch Wein?
Encore un peu de viande?	Noch etwas Fleisch?
Servez-vous, je vous prie.	Bedienen Sie sich doch bitte.

Die Aufforderung **Vous en reprenez bien un peu!** bejaht man so:

Volontiers, merci. Oh oui, c'est tellement bon.
C'est de la gourmandise, mais je ne peux pas refuser.
Das ist zwar Schlemmerei, aber ich kann nicht widerstehen.

Le Savoir-vivre de l'hospitalité

En l'an 2001, des voyageurs viennent de s'installer dans un avion entièrement automatique. Une demi-heure après le décollage, une voix se fait entendre dans un haut-parleur.

– **Mesdames, messieurs, soyez les bienvenus! Nous sommes très heureux de vous accueillir à bord de notre avion supersonique** qui est complètement automatisé: bar électronique, pilote électronique, hôtesses électroniques. Tout est surveillé par notre ordinateur central. Rien ne peut se détraquer ... se détraquer se détraqu... se détr...

***

Des amis ont invité un grand buveur. La maîtresse de maison en train de servir l'apéritif lui propose:

– **Qu'est-ce que je vous sers, cher ami? Américano? Pastis? Whisky? Porto?**
– Oui, répond-il. Tout cela sera parfait.

***

Un alpiniste bavarois arrive à une cabane d'alpage. La jeune vachère lui dit:

– **Excusez-moi, je n'ai rien à vous servir à manger.** J'ai grignoté hier le dernier biscuit. **Mais je pourrais vous offrir quelque chose qui** fait toujours plaisir à un homme.
– Ah! tant mieux, répond le Bavarois, servez-la-moi vite, cette bière.

***

Au cours d'une grande réception diplomatique, l'hôte s'adresse à un jeune diplomate anglais, nouvellement arrivé à Paris:

– **Qu'est-ce que vous buvez, monsieur? Cognac, champagne ...?**

L'Anglais sort son manuel de conversation, et épèle péniblement:

– **S' il vous please, ... oune thé.**

L'hôte revient avec une tasse de thé. L'Anglais consulte de nouveau son lexique et lit:

– **Merci, monsieur ou madame, selon le cas.**

Sprachverhalten bei Einladungen

Wie lehnen Sie ab, wenn Sie genug haben?

Merci, je n'en peux plus.	Danke, ich kann nicht mehr.
Merci, je suis servi.	Danke, ich habe noch.
Non merci, c'est excellent, mais j'ai assez mangé.	Nein danke, es ist ausgezeichnet, aber ich bin satt.
Je vous remercie, mais je n'ai plus faim.	Vielen Dank, aber ich habe keinen Hunger mehr.
Je suis désolé, mais je dois conduire.	Entschuldigen Sie, aber ich muß noch fahren.

Die Ablehnung federn Sie mit Komplimenten (im Imperfekt) an die Küche ab. Während des Essens loben Sie die Köchin im Präsens.

C'est (était) très bon.	Das ist (war) sehr gut.
C'est excellent/exquis.	Das ist ausgezeichnet.
C'est absolument délicieux.	Das ist ausgesprochen köstlich.
Ça sent très bon.	Das riecht sehr gut.
Que c'est (était) bon!	Ist (war) das gut!
Il est superbe, ce vin!	Dieser Wein ist ausgezeichnet.
C'est un bon petit vin.	Das ist ein gutes Weinchen.
Il a un bouquet!	Was für eine Blume er hat!
Ce poisson est un vrai délice.	Der Fisch ist ein wahres Gedicht.
Ce gigot fond dans la bouche.	Die Keule schmilzt auf der Zunge.

Wir wünschen Ihnen, daß Sie vom höchsten Lob der Hausfrau möglichst oft Gebrauch machen dürfen:

Ce dîner est (était) digne des plus grands cuisiniers!
Dieses Menu hätte den besten Küchenchefs Ehre gemacht!

Le Savoir-vivre de l'hospitalité

Un touriste allemand, très pressé, rentrant d'Italie, passe la frontière. Le douanier l'interroge:
- Campari? Grappa? Cognac?
- **Non, merci, mon brave,** fait le voyageur. **Je ne bois jamais le matin.**

***

Un cannibale, passager d' un paquebot de luxe voguant sur le Pacifique, étudie le menu. Un serveur s'approche et lui demande:
- **Qu'est-ce que je peux vous servir, monsieur? Je recommande à monsieur notre menu gastronomique.**

Le cannibale lui tend le menu et dit tristement:
- **Non merci, monsieur, cela ne me tente pas.** Apportez-moi plutôt la liste des passagers.

***

Au cours d'une réception, la maîtresse de maison dit gentiment à un des invités:
- **Je ne vous offre pas d'apéritif,** je crois que vous êtes membre d'une ligue antialcoolique.
- Mais non, proteste le monsieur, je suis membre d'une ligue contre les relations extramaritales.
- Ah, oui! fait l'hôtesse. En tout cas, je savais bien qu'il y avait quelque chose que je ne devais pas vous offrir.

***

Voilà le mauvais exemple d'un invité
qui n'a pas encore étudié ce chapitre.

C'est la fin d'un repas; on sert le café.
L'hôte: **Puis-je vous offrir un cigare?**
L'invité: **Non, non! Merci! Je ne fume que quand j'ai bien dîné.**

***

- Annette, **cette soupe aux champignons est un vrai délice.** Où as-tu trouvé la recette?
- Dans un roman policier, chéri.

Sprachverhalten bei Einladungen

3. Wie man sich verabschiedet

So bereitet man seinen Aufbruch vor:

Eh bien, il faut que je vous laisse maintenant.
Ja, ich muß Sie jetzt wohl verlassen.
Déjà minuit! Il faut que je vous quitte.
Schon Mitternacht! Ich werde jetzt wohl gehen müssen.
Que le temps passe vite! Je vais prendre congé.
Wie die Zeit vergeht! Ich werde mich langsam verabschieden.
Permettez que nous prenions congé.
Dürfen wir uns von Ihnen verabschieden?
Je crois qu'il est temps de terminer cette agréable soirée.
Ich glaube es ist Zeit, diesen schönen Abend zu beschließen.

Wie man sich für einen angenehmen Abend bedankt:

Merci pour cette soirée.	Vielen Dank für den Abend.
C'était une soirée très agréable.	Das war ein sehr angenehmer Abend.
Nous avons passé une excellente soirée.	Wir haben einen sehr schönen Abend verbracht.

Was der Gastgeber antworten wird:

Vous partez déjà?	Sie gehen schon?
Tu sais que tu peux passer quand tu veux.	Du weißt, daß du jederzeit bei uns vorbeischauen kannst.
A bientôt, j'espère.	Bis bald, hoffentlich.
J'espère bien avoir le plaisir de vous revoir.	Ich hoffe, daß Sie uns bald die Freude machen, Sie wiederzusehen.

Le Savoir-vivre de l'hospitalité

– Brigitte, questionne la mère, as-tu bien dit merci à Madame Dupont, en partant de la réunion qu'elle a organisée pour l'anniversaire de Paul?
– Je voulais le faire, mais la fille avant moi lui a dit «Merci» et Madame Dupont lui a répondu: **«Je t'en prie. Ça n'en vaut pas la peine.»** Alors j'ai préféré ne pas l'embêter plus longtemps avec ça.

***

Trois hommes d'affaires sont en train d'arroser le résultat heureux de leurs négociations. La conversation tourne autour de leurs familles.
– Il y a des coïncidences bizarres, dit le premier. Après avoir lu le roman *«Un malheur n'arrive jamais seul»,* ma femme a accouché de jumeaux et …
– C'est rien, l'interrompt le deuxième, ma femme a lu *«Les trois mousquetaires»* et après elle a eu des triplés. Quelle coïncidence!
Le troisième, devenu très inquiet, se lève tout à coup et dit:
– **Messieurs, permettez que je prenne congé,** mais ma femme est en train de lire *«Ali Baba et les quarante voleurs».*

***

L'hospitalité écossaise:
Un riche fabriquant de whisky fait visiter sa distillerie à un groupe d'industriels japonais. A la fin d'une longue visite guidée, l'Ecossais s'écrie:
– **Messieurs, vous n'allez certainement pas partir sans vous rafraîchir!**
Et il ouvre grand toutes les fenêtres.

Sprachverhalten bei Einladungen

Dialoge zwischen Tür und Angel:

– Il est tard, nous devons partir.	– Vous voulez déjà nous quitter?
– Hélas! Nous avons un long chemin.	– Je vous comprends.
– Cette soirée était très agréable.	– Je vous en prie, bonne route.

***

– Déjà une heure, que le temps passe vite!
– Nous avons encore le temps, c'est demain dimanche.
– Oui, mais nous voulons aller à Paris et devons nous lever tôt.
– Dommage, en tout cas, nous avons été très heureux de vous revoir.
– Tout le plaisir a été pour nous. Merci pour tout.

4. Wie man Einladungen dankend ablehnt

Hoffentlich müssen Sie von diesen Redemitteln nie Gebrauch machen, denn jede Einladung ist Sprachunterricht – gratis.

Quel dommage, je ne serai pas là.	Wie schade! Da bin ich nicht da.
Je suis désolé, je suis déjà invité.	Das tut mir leid, ich bin bereits eingeladen.
Comme c'est dommage, nous ne pouvons pas venir.	Das ist schade, wir können leider nicht kommen.
Nous regrettons de ne pouvoir venir parce que ...	Wir bedauern, nicht kommen zu können, weil ...
C'est regrettable, mais nous serons absents à cette date.	Das ist bedauerlich, aber zu dieser Zeit sind wir nicht da.
Nous aurions aimé accepter, mais malheureusement ...	Wir hätten gerne zugesagt, aber leider ...
Nous ne sommes pas libres à cette date, une autre fois volontiers.	Zu dem Termin können wir nicht, ein anderes Mal gerne.

Le Savoir-vivre de l'hospitalité

Shaw envoie à Churchill deux places pour la première de sa dernière pièce avec le mot suivant:

«Monsieur,

J'ai l'honneur de vous inviter à la première de ma nouvelle pièce. Venez avec un ami si vous en avez un.»

Churchill répond à cette offense par le mot suivant:

«Cher maître,

Merci de cette charmante invitation. C'est regrettable, mais nous serons absents à cette date. Mais nous viendrons à la deuxième représentation, s'il y en a une.»

***

Un Ecossais, en visite en France, fait la connaissance d'un Français qui l'entraîne dans un bar-tabac.

– **Qu'est-ce que je vous offre?** demande le Français: **un pastis, une bière, un cognac?**

– **Non, merci,** fait l'Ecossais. **Mon médecin m'a interdit l'alcool, mais si vous insistez, je prendrai volontiers** trois timbres pour des lettres à l'étranger.

***

– Tu es libre ce soir?
– Oui.
– **Tu passes à la maison?**
– Pour quoi faire?
– Rien.
– **Dans ce cas j'accepte volontiers.**

***

Deux voyantes se rencontrent.
– **Vous venez?** demande l'une.
– **Quel dommage,** j'y suis déjà allée.

Sprachverhalten bei Einladungen

Test

1. Wie nehmen Sie die folgenden Einladungen stilgerecht an?

a) Viens, on prend un pot.	D' .... Je ....
b) Vous venez prendre l'apéritif?	.... volontiers.
c) J'ai l'honneur de vous inviter pour le mariage de notre fille.	Nous vous .... invitation.

2. Lehnen Sie diese Einladungen und Angebote ab.

a) Permettez que je vous invite à dîner.	D ...., ... invité(e).
b) Je serais très heureux de vous recevoir samedi prochain.	C'est r .... à cette date.
c) Vous reprenez encore du vin?	Non, ... conduire.
d) Encore un peu de viande?	Merci, je ....
e) Servez-vous, je vous prie.	C'est excellent, mais ....

3. Übersetzen Sie die Ausdrücke in Klammern.

Un industriel écossais invite un client à dîner chez lui.

– **(Machen Sie mir die Freude und kommen Sie heute zum Abendessen.)**
– **C'est très gentil, je viendrai.** Mais je ne sais pas où vous habitez.
– C'est pas compliqué. Vous prenez le métro jusqu'à Gambetta. Vous prenez la rue en face du bureau de tabac. Vous entrez au numéro 27, vous montez au deuxième étage et vous sonnez avec votre nez.
– Mais pourquoi avec mon nez?
– Eh bien, vous n'allez tout de même pas venir les mains vides?

Das rechte Wort zur rechten Zeit

Le mot juste au bon moment

Für gesellschaftliches und geschäftliches Vorankommen im Ausland ist menschliche Kontaktpflege die Wiege des Erfolges. Doch leider werden wir immer wieder Zeuge, wie selbst hochrangige Politiker, von ihrem Schulfranzösisch im Stich gelassen, auf dem glatten Parkett gesellschaftlicher Ereignisse straucheln. Damit Sie in Gesellschaft brillieren können, erwerben Sie die sprachliche Grundausstattung zu wichtigen Standardsituationen.

Das rechte Wort zur rechten Zeit

1. Lob und Anerkennung aussprechen

Spontanen Beifall spenden:

Chapeau (bas)!	Hut ab!
C'est pas mal.	Nicht schlecht!
Bon travail!	Gute Arbeit!
Bravo! Bien fait!	Bravo! Gut gemacht!
C'est très bien.	Das ist sehr gut.
Vous avez bien fait.	Das haben Sie gut gemacht.
C'est vraiment génial.	Das ist wirklich genial.

Leistungen loben:

Tu peux être très content(e) de tes notes.
Du kannst mit deinen Noten sehr zufrieden sein.
Tu peux être fier (fière) de ton succès.
Du kannst auf deinen Erfolg stolz sein.
Tu as de quoi être fier (fière).
Du kannst mit Recht stolz auf dich sein.
Je trouve fantastique ce que tu as accompli.
Ich finde toll, was du erreicht hast.

2. Beglückwünschen und Komplimente machen

Glückwünsche:	**Félicitations! Mes félicitations!** **Toutes mes félicitations!** **Je te félicite de ton succès.**
Komplimente:	**Compliments! Mes compliments!**

Le mot juste au bon moment

«Bravo! Bien répondu!» dit l'animateur du jeu télévisé à la candidate. «Avec cette bonne réponse vous avez gagné un voyage au pôle nord. Si vous répondez aussi brillamment aux dix prochaines questions, vous gagnez le voyage retour.»

***

A la fin de la première d'une comédie, l'auteur de la pièce se précipite dans la loge de la vedette:
– **Merveilleuse! Etonnante! Sensationnelle!**
– Oh, l'interrompt l'actrice flattée, **vous exagérez.**
– Pas du tout, fait l'auteur. Je parlais de la pièce.
– Moi aussi, rétorque l'actrice sur un ton glacial.

***

Après le 4ième round, l'entraîneur dit au boxeur:
– **Il y a de quoi être fier.** Continue comme cela et je vais te proposer pour le prix Nobel de la paix à Oslo.

***

Histoire de chasseur:
– J'ai abattu un gros oiseau!
– **Chapeau!** Et quel genre d'oiseau?
– Je ne sais pas, mais il y avait des gens à l'intérieur.

***

Trois candidats se présentent à un jeu télévisé. L'animateur interroge le premier:
– Où les femmes sont-elles le plus frisées?
Sans hésitation, le premier répond:
– En Afrique, bien sûr.
– **Félicitations!** A vous monsieur. Quelle est la chose qui appartient à l'homme mais que la femme aime bien tenir entre ses mains?
– Le portefeuille, répond le deuxième sans réfléchir.
– **Encore bravo!** Et voilà la question pour notre dernier candidat.
– Pas la peine, fait celui-ci. J'aurais déjà mal répondu aux deux premières questions.

Le mot juste au bon moment

René et Anne sont mariés depuis quinze ans sans avoir d'enfants, bien qu'ils aient tout essayé. Un jour, le docteur apprend à Anne qu'elle est enceinte. Hors de joie, elle téléphone à René:

- René, imagine-toi, j'attends un bébé!
- **Félicitations!** ... puis un long silence, puis René d'une voix tremblante: Je vous en prie pardon, voulez-vous répéter votre nom, s'il vous plaît?

***

Un gros homme arrive en courant sur la passerelle d'embarquement, jette ses bagages sur le bateau qui est à deux mètres du quai et saute plein d'audace sur le pont du bateau.

- Voyez-vous, dit-il au capitaine, j'ai quand même réussi.
- **Mes compliments, monsieur,** mais ce n'était pas la peine. Nous sommes en train d'aborder.

***

S'approchant d'un agent de police qui est en train de lui glisser sous son essuie-glace un petit papillon pour stationnement interdit, une dame lui plaque deux baisers sur les joues et lui dit:

- **Félicitations!** Vous venez de gagner un magnifique objet d'art. Votre contravention est, en effet, la centième que je reçois depuis que j'ai cette voiture. **Encore une fois, bravo!**

***

- Imaginez-vous, dit Madame Dupont, mon mari est devenu impotent.
- **Félicitations,** ma chère. Est-ce plus important qu'inspecteur?

***

Un couple a six enfants – six filles! Le jour de la naissance du septième, ô joie, c'est un garçon. Tout fier, le papa arrive au bureau pour annoncer la bonne nouvelle.

- **Toutes mes félicitations!** Un garçon, enfin! lui dit son collègue. Est-ce qu'il ressemble à son papa?
- Je ne sais pas, répond l'heureux papa, depuis qu'il est né, on est tellement contents qu'on n'a pas encore regardé son visage.

Le mot juste au bon moment

A Bonn, on est en train d'inaugurer une sculpture d'Henri Moore en présence des représentants du gouvernement et de la ville. Moore qui assiste à la cérémonie est entouré de journalistes.

- **Je vous félicite de ce chef-d'œuvre,** lui dit un reporter. Pourriez-vous dire à nos auditeurs quelle impression vous éprouvez?
- Eh bien, dit Moore, je peux vous dire une chose: on commence à voir les pigeons d'un tout autre œil.

***

Voltaire triomphait avec sa pièce *Oedipe* et un gentilhomme vint le féliciter avec une familiarité qui lui déplut:

- **Mes compliments,** Voltaire.
- **Merci, c'est très gentil de votre part.** Mais ne pourriez-vous pas dire *«Monsieur de Voltaire»?*
- Oubliez-vous la différence de naissance qui nous sépare?
- Je ne l'oublie pas. Cette différence fait que je porte mon nom et que vous êtes écrasé par le vôtre!

***

Depuis deux heures, la jolie secrétaire est occupée de se faire une beauté, sans être gênée par la présence de son chef. Finalement celui-ci perd patience:

- Excusez-moi, mademoiselle, **j'aimerais bien vous féliciter de votre travail,** mais dites-moi, quand commencerez-vous?

***

Histoire belge:

Un Belge se suicide d'une balle dans la tête. Le lendemain le journal local commente l'événement:

- **Nous devons des félicitations posthumes au défunt:** il a visé la cervelle, et Dieu sait que la cible était petite!

Das rechte Wort zur rechten Zeit

3. Kleine Schmeicheleien erhalten die Freundschaft

Quelle ravissante personne, votre fille!	Was für ein entzückendes Persönchen, Ihre Tochter!
J'ai beaucoup entendu parler de vous.	Ich habe viel von Ihnen gehört.
Que vous êtes intelligent(e)!	Wie klug Sie sind!
Cette sauce est un vrai délice.	Diese Soße ist ein Gedicht!
Ce chapeau vous va à merveille!	Der Hut steht Ihnen prächtig.

4. Wie man auf Schmeicheleien reagiert

C'est pas grand-chose.	Das ist nichts Besonderes.
Vous exagérez.	Sie übertreiben.
Vous me gênez.	Sie bringen mich in Verlegenheit.
Arrêtez, vous me faites rougir.	Hören Sie auf. Ich muß ja rot werden.
Merci. C'est très gentil de votre part.	Danke. Das ist sehr freundlich von Ihnen.

Le mot juste au bon moment

– **J'aime votre nouveau costume.** Il vous va comme un gant.
– Voilà ce qui m'agace. Il ne me va pas comme un costume.

***

Dans un grand dîner un médecin rencontre un collègue.
– **J'ai beaucoup entendu parler de vous, cher collègue.** Maintenant j'aimerais écouter votre version de l'histoire.

***

Elle: **J'ai tellement entendu parler de votre énergie sexuelle.** C'est vrai ce que les gens se racontent?
Lui: **Oh, c'est pas grand-chose. Vous savez, les gens exagèrent.**
Elle: Pas du tout! C'est bien ce qu'on se raconte.

***

Le curé de Cucugnan, grand amateur d'alcool, est invité dans un grand dîner. Quand on sert le dessert, il se rend compte qu'il est, une fois de plus, terriblement imbibé et il décide de surveiller son comportement de très près. C'est alors que la maîtresse de maison lui présente ses petites jumelles. Et il s'écrie: Oh! **Quelle ravissante petite fille!**

***

Lady Sinclair, en vacances dans un grand hôtel à New York, va trouver le chef de cuisine:
– **Monsieur, mes compliments. Votre bœuf bourguignon est un vrai délice.** Auriez-vous l'extrême gentillesse de m'en donner la recette?
– Mais bien sûr, Mylady, répond le cuisinier en souriant, d'abord vous prenez 2000 oignons …

***

Anne reçoit la visite annuelle de sa belle-mère:
– **Que votre maison est propre,** dit celle-ci. Tout brille chez vous et même la soupe a un petit goût de désinfectant.

Le mot juste au bon moment

Dieses Beispiel für Schmeichelei kennt in Frankreich jedes Kind:

Le Corbeau et le Renard

Maître Corbeau, sur un arbre perché,
Tenait en son bec un fromage.
Maître Renard, par l'odeur alléché,
Lui tint à peu près ce langage:
«Hé! bonjour, Monsieur le Corbeau,
Que vous êtes joli! que vous me semblez beau!
Sans mentir, si votre ramage
Se rapporte à votre plumage
Vous êtes le phénix des hôtes de ce bois.»
A ces mots le Corbeau ne se sent pas de joie;
Et pour montrer sa belle voix,
Il ouvre un large bec, laisse tomber sa proie.
Le renard s'en saisit, et dit: «Mon bon monsieur,
Apprenez que tout flatteur
Vit aux dépens de celui qui l'écoute.
Cette leçon vaut bien un fromage sans doute.»
Le Corbeau, honteux et confus,
Jura, mais un peu tard, qu'on ne l'y prendrait plus.

Vokabelhilfen: *perché:* auf einem Ast sitzend; *allécher:* anlocken; *ramage:* Vogelgesang; *se rapporter à:* entsprechen; *phénix:* mythologischer Vogel; *hôtes:* Bewohner; *aux dépens de:* auf Kosten von; *prendre:* hier: reinlegen.

Le mot juste au bon moment
Der Fuchs und der Rabe

Im Schnabel einen Käse haltend, hockt
auf einem Baumast Meister Rabe.
Von dieses Käses Duft herbeigelockt,
spricht Meister Fuchs, der schlaue Knabe:
«Ah! Herr von Rabe, guten Tag!
Wie nett Ihr seid und von wie feinem Schlag!
Entspricht dem glänzenden Gefieder
nun auch der Wohlklang Eurer Lieder,
Dann seid der Phönix Ihr in diesem Waldrevier.»
Dem Raben hüpft das Herz vor Lust. Der Stimme Zier
zu künden, tut mit stolzem Sinn
er weit den Schnabel auf; da – fällt der Käse hin.
Der Fuchs nimmt ihn und spricht:
«Mein Freundchen, denkt an mich!
Ein jeder Schmeichler mästet sich
vom Fette des, der willig auf ihn hört.
Die Lehr' ist zweifellos wohl einen Käse wert!»
Der Rabe, scham- und reuevoll,
schwört – etwas spät –, daß ihn niemand mehr fangen soll.

Übersetzt von Ernst Dohm

Das rechte Wort zur rechten Zeit

5. Das Glas zum Trinkspruch erheben

Für manche Trinksprüche bedarf es keines besonderen Anlasses. Man bedient sich ihrer, um auf sich aufmerksam zu machen, Gespräche anderer zu unterbrechen oder den Alkoholkonsum zu steigern.

Tchin-tchin!	Prost!
Santé!	Zum Wohl!
A la tienne!	Auf dein Spezielles!
A la vôtre!	Auf Ihr Wohl!
A votre santé!	Auf Ihr Wohl!

Bei anderen Trinksprüchen benötigt man einen aktuellen Anlaß und perfektes Timing. Der erfahrene Salonlöwe wartet damit, bis alle Anwesenden ihm für einen Themenwechsel dankbar sind.

Buvons au bonheur du jeune couple.
Trinken wir auf das Glück des jungen Paares.
Trinquons à l'honneur de la maîtresse de maison.
Lassen Sie uns auf die Herrin des Hauses anstoßen.
Nous levons notre verre aux nouveaux-mariés.
Erheben wir unser Glas auf die Jungvermählten.
Je lève mon verre à la santé de notre hôte.
Ich trinke auf die Gesundheit unseres Gastgebers.

Le mot juste au bon moment

Un directeur de théâtre avait invité à sa table plusieurs amis dont un avocat qui se croyait doué pour la dramaturgie. Plusieurs fois le directeur avait refusé de monter ses mauvaises pièces. Quand vint le dessert, l'avocat leva son verre et dit:

– **Je bois à la santé de notre hôte qui,** s'il ne reçoit pas mes pièces, nous reçoit du moins fort agréablement!

Le directeur se leva à son tour:

– Mon cher maître, si je recevais vos pièces, je ne pourrais pas vous recevoir si bien.

***

Deux marins anglais entrent dans un bar et commencent à vider verre sur verre, bouteille sur bouteille, silencieusement, sans parler. Vers cinq heures du matin, l'un des matelots murmure d'une voix pâteuse:

– **A la tienne!**

– Nom de Dieu! s'exclame son compagnon, tu es venu ici pour boire ou pour faire des discours?

***

Dans un banquet, auquel participent les diplomates anglais et allemands, on en arrive aux toasts. Un Anglais se lève et dit:

– **Je lève mon verre à notre Gracieuse Reine et que Dieu la bénisse.**

Aussitôt après, un Allemand réplique:

– **A notre Chancelier Kohl – et que Dieu nous vienne en aide.**

***

Lors de son anniversaire, mon oncle nous a invités à dîner dans un restaurant très chic. Après un excellent dîner, mon oncle voulait avoir la note, mais le garçon avait disparu. Alors, mon oncle s'est levé et a dit d'une voix retentissante:

– **Je lève mon verre à la santé de tous nos amis absents parmi lesquels se trouve notre ami, le garçon qui sert cette table.**

Das rechte Wort zur rechten Zeit

6. Worte zu Festen und Feiern

Geburtstag:	Namenstag:
Bon anniversaire. Je te souhaite toutes sortes de bonnes choses. Mes meilleurs vœux pour ton anniversaire.	Bonne fête.

Weihnachten:	Neujahr:	Ostern:
Joyeux Noël!	Je vous souhaite la bonne année. Bonne année!	Joyeuses Pâques!

7. Heiratsanträge machen

Nach erfolgreicher *prise de contact* haben Sie mit dem *savoir vivre de l'hospitalité* und den *mots justes au bon moment* auf dem gesellschaftlichen Parkett eine so gute Figur gemacht, daß Sie auch die letzte Hürde mit Bravour nehmen werden.

Um die Hand der Tochter bitten:
Je voudrais vous demander la main de votre fille. Je vous prie de m'accorder la main de Rosalie.
Der Tochter den Antrag machen:
Je voudrais vous demander si vous voulez bien m'accorder votre main.

Le mot juste au bon moment

On fête le centième anniversaire du curé du village. A cette occasion, monsieur le maire prend la parole:

- Mon père, **nous sommes très heureux de fêter vos cent ans. Et j'espère bien être là, l'an prochain, pour ajouter un an ...**
- Certainement, lui dit le vieillard, vous avez l'air en parfaite santé.

***

Comme tout cadeau pour son anniversaire, René offre à sa fiancée un écrin à bijoux vide en lui disant:

- **Je te souhaite beaucoup d'imagination.**

***

Le vendeur de chaussures se met à genoux devant sa jolie cliente:

- Mademoiselle Hortense, dit-il, veuillez me tendre votre ravissant pied. Et par la même occasion, **j'en profite pour vous demander si vous voulez bien m'accorder encore votre main.**

***

Un jeune homme entre dans une boucherie:

- Alors, que puis-je pour vous? lui demande le boucher occupé à découper soigneusement des côtelettes.
- **Je voudrais vous demander la main de votre fille.**
- Avec ou sans os?

***

Conversation entre deux Ecossaises:

- **Pauvre Jane!** C'est affreux ce qui vous est arrivé. Voir de ses propres yeux son mari se noyer, sans pouvoir rien faire! Encore une fois **mes condoléances.**
- Hélas! Ne m'en parlez pas! sanglote la veuve.
- Mais dites-moi, Jane, est-ce qu'au moins il vous laisse quelque chose?
- Oui. Un million et un château.
- Ça alors! Pour un homme qui ne savait ni lire, ni écrire ...
- Ni ... (la veuve sanglote) ... ni nager!

Das rechte Wort zur rechten Zeit

8. Trauerfälle

Mögen Sie nie in die Lage kommen, von den folgenden Redemitteln Gebrauch machen zu müssen:

Je vous présente mes sincères condoléances.
Ich möchte Ihnen mein aufrichtiges Beileid aussprechen.
Toutes mes condoléances.
Herzliches Beileid.
Toute ma sympathie.
Mein Beileid.
Je suis de tout cœur avec vous.
Meine herzliche Anteilnahme.

Anmerkung: Der Witz ist eine uralte Form der Auseinandersetzung des Menschen mit seinem Schicksal. Im Witz versucht er, die Gedanken an Krankheit und Tod erträglicher zu machen. Wer daran Anstoß nimmt, möge die nächste Seite überblättern.

Le mot juste au bon moment

Une célèbre actrice vient de perdre son mari. Un directeur de théâtre s'approche d'elle et lui serre la main.

– **Permettez-moi, madame, de vous présenter mes condoléances.** Vos pleurs et vos cris au cimetière m'ont bouleversé.
– Oh! ce n'est rien, lui répond-elle. Vous auriez dû m'entendre à l'église.

***

Le célèbre chirurgien pose ses instruments, secoue la tête, pousse un soupir profond et dit à l'infirmière:

– Hélas! C'est fichu. Téléphonez à la veuve de Dupont et faites-lui apprendre la triste nouvelle. Dites-lui qu'on a tout essayé et que **je lui présente toutes mes condoléances.**

A ces mots, M. Dupont balbutie faiblement:

– Mais je ne suis pas mort, je …
– Taisez-vous donc, l'interrompt l'infirmière. Voulez-vous savoir mieux que le professeur?

***

Dans leur club, Lord Macintosh rencontre Lord Chesterfield:

– Cher ami, lance le premier, **j'ai été désolé d'apprendre que vous aviez été obligé d'enterrer** Lady Chesterfield!
– Eh bien, soupire Lord Chesterfield, elle était morte. Que pouvais-je faire d'autre?

***

Un homme en larmes va voir son curé:

– Ma femme vient de mourir. Occupez-vous de l'enterrement, s'il vous plaît.
– **Toutes mes condoléances!** Mais vous êtes bien Jean Dupont, le boucher? J'ai déjà enterré votre femme, il y a deux ans.
– Bien sûr, mais je me suis remarié l'année dernière.
– Ah! Bon! … **toutes mes félicitations!**

Le mot juste au bon moment

Test

1. Übersetzen Sie die deutschen Redemittel in Klammern:

a) Les statistiques prouvent que l'ordinateur menace le bonheur familial. En voilà un autre exemple.

René: Ma femme dit que si je ne me sépare pas de mon ordinateur elle va me quitter et rentrer chez sa mère.
Yves: Pauvre de toi! **(Mein Beileid!)**
René: Eh bien, elle va me manquer.

***

b) On fête un mariage à Hollywood. Le père de la jeune mariée lève son verre: **«(Trinken wir auf die erste Ehe unserer Kinder)»**

***

c) Après un incendie dans un restaurant grec trés connu le propriétaire recevait des centaines de lettres avec à peu près le même contenu: «**(Herzlichen Glückwunsch!)** C'était la première fois que les plats étaient chauds chez vous.»

2. Finden Sie die passenden Worte in diesen Standardsituationen.

a) Sagen Sie Frau Dupont, daß ihr das Kleid prächtig steht.
b) Frau Dupont muß niesen. Wie reagieren Sie?
c) Sprechen Sie Frau Dupont Ihr aufrichtiges Beileid zum Tod eines Angehörigen aus.
d) Beglückwünschen Sie Frau Dupont zu ihrem Zeitungsartikel.
e) Bitten Sie Herrn Dupont um die Hand von Rosalie.
f) Wünschen Sie der Familie fröhliche Weihnachten.
g) Bringen Sie einen Toast auf die Frau des Hauses aus.
h) Wünschen Sie Frau Dupont alles Gute zum Geburtstag.

Die Kunst des Wünschens und Bittens

L'art de la demande

Sollten Sie zu den Glücklichen zählen, denen man auch im Ausland alle Wünsche von den Augen abliest, dürfen Sie dieses Kapitel getrost überspringen. Gehören Sie aber zu jenen, denen man keine roten Teppiche ausrollt, gelangen Sie nur durch die Beachtung sprachlicher Spielregeln an das Ziel Ihrer Wünsche. Die folgenden Sprachstrategien werden Sie diesem Ziel ein gutes Stück näherbringen.

Die Kunst des Wünschens und Bittens

1. Die «Basisverben» aimer, vouloir, désirer, souhaiter

Diese Verben drücken im **Präsens** einen starken **Wunsch** aus. Für die **Bitte** nehme man die höflichere Form des **Konditionals.**

Drei Strukturen sind möglich:

1. Verb + Infinitif, wenn Sie selber etwas tun wollen.
Je désire/veux (désirerais/voudrais) aller à Paris.
J'aime (aimerais) te voir tout de suite.

---

2. Verb + Nomen, wenn Sie etwas haben wollen.
Je veux (voudrais) une bière.

---

3. Verb + que-Satz + Verb im SUBJONCTIF, wenn Sie wollen, daß ANDERE etwas tun.
Je souhaite (souhaiterais) que tu viennes demain.

Das Konditional und das modale Futur

Andere Verben drücken **im Konditional** oder **Futur** einen Wunsch aus!

N'auriez-vous pas quelque chose à boire pour moi?
Hätten Sie nicht etwas zu trinken für mich?
Heiratsannonce: Jeune fille **épouserait** aveugle.
Mädchen sucht Blinden zwecks späterer Heirat.
Je prendrais bien un apéritif.
Ich würde gerne einen Aperitif nehmen.

L'art de la demande

Annonce de mariage dans *ICI-Paris:*
Célibataire avec petite usine **désire** épouser jeune
fille jolie connaissant un peu comptabilité.

***

Une femme vient voir une voyante.
- Il y a six ans, vous m'aviez prédit que j'aurais un mari et quatre enfants.
- Et alors?
- Ça y est! J'ai les quatre enfants.
- Eh bien?
- Maintenant **je voudrais bien** savoir, quand j'aurai le mari.

***

La vraie avarice écossaise:

Elle: Darling, **je voudrais bien que** tu m'emmènes au cinéma.
Lui: Mais nous y sommes déjà allés.
Elle: C'est vrai. Mais depuis on a inventé le cinéma parlant.

***

A Barcelone, un jeune homme arrive sous le balcon de sa flamme:
- **J'aimerais** vous donner la sérénade, dès que vous m'aurez trouvé une prise de courant pour brancher ma guitare électrique.

***

Un clochard sonne à la porte d'un riche bourgeois.
- Monsieur, je n'ai rien mangé depuis deux jours. **N'auriez-vous pas un peu de restes?**
- Vous voulez des restes? Est-ce que le poulet d'hier vous irait?
- Oh! Oui, monsieur!
- Alors, revenez demain.

***

McGregor qui répond à une offre d'emploi d'une grande entreprise écossaise finit sa lettre par ces mots:
«**Je vous prie de** trouver ci-joint le cliché de ma photo que **vous voudrez bien** me renvoyer quand vous l'aurez fait dévélopper.»

2. Nicht mit der Tür ins Haus fallen! Kündigen Sie Ihre Wünsche an!

Erfolgreiche Bittsteller machen sich zuerst vorsichtig mit einem kleinen **Räuspern** und einer **Entschuldigung** bemerkbar. In einem zweiten Schritt kündigen Sie ihre **Bitte um eine Gefälligkeit** an.

Pardon, monsieur, madame, ...
Excusez-moi, mademoiselle, ...
Excusez-moi de vous déranger[1], monsieur, ...
Puis-je vous demander un service[2]?
Je peux vous demander un service?
Est-ce que vous pouvez m'aider, monsieur?
Est-ce que vous pourriez me rendre un service[3], madame?

Mit diesem sprachlichen Vorspiel haben Sie Ihren Partner auf Ihre nun folgenden Wünsche hinreichend eingestimmt.

3. Wie Sie Ihre Wünsche äußern

Es ist höflich, auch kleinere Wünsche und Bitten an Freunde und Bekannte als Frage zu formulieren:

Puis-je vous demander de ...?	Darf ich Sie bitten, ... zu ...?
Pouvez-vous me dire si ...?	Können Sie mir sagen, ob ...?
Etes-vous d'accord si ...?	Sind Sie einverstanden, wenn ...?

Vokabelhilfen: [1] stören; [2] um einen Gefallen bitten; [3] einen Gefallen tun.

L'art de la demande

Wünsche ankündigen

Il pleut des cordes. Un monsieur élégant est en train de quitter l'ambassade où il a assisté à un grand dîner, quand il aperçoit une dame en robe du soir qui attend qu'il cesse de pleuvoir. En vrai gentleman il lui adresse la parole:

– **Excusez-moi, mademoiselle,** est-ce que je pourrais vous accompagner à la maison?
– Merci beaucoup, répond-elle, où habitez-vous?

***

Un metteur en scène américain voulait tourner un western pour lequel il avait besoin d'un immense troupeau de vaches. On lui conseilla de s'adresser à des éleveurs au Texas. Il téléphona au premier patron de ranch qui se trouvait dans l'annuaire:

– **Excusez-moi de vous déranger, monsieur, mais nous avons un problème.** Il nous faut 30 000 vaches. **Pourriez-vous** réunir un troupeau de cette importance dans la quinzaine?
– **Très volontiers, monsieur. Vous les voulez** de quelle couleur?

***

On sonne chez madame Dupont. Un monsieur bien habillé dit:

– **Excusez-moi de vous importuner, chère madame,** mais **pourrions-nous vous demander** une petite contribution pour l'asile des ivrognes?
– Mais bien sûr, cher monsieur, prenez donc mon mari.

***

L'avion est plein de vacanciers et de leurs enfants. Un petit garçon particulièrement mal élevé tape sur les nerfs de tous les passagers en renversant des boissons et en hurlant tout le temps. Finalement un vieux monsieur le saisit au bras et lui dit:

– **Pardon, jeune homme, voulez-vous me faire le plaisir** de jouer dehors?

Die Kunst des Wünschens und Bittens

So bitten Sie jemanden um Hilfe (mit abnehmender Höflichkeit):

Auriez-vous la gentillesse de ...?	Wären Sie so freundlich ...?
Je vous serais très reconnaissant si vous .../de me + Infinitiv	Ich wäre Ihnen sehr dankbar, wenn Sie ...
Voulez-vous me faire le plaisir de ...?	Würden Sie mir den Gefallen tun und ...?
Vous seriez gentil(le) de ...	Seien Sie so nett und ...
Pourriez-vous m'aider, s. v. p.?	Könnten Sie mir bitte helfen?
Tu peux m'aider, s'il te plaît?	Könntest du mir bitte helfen?
Ça ne te dérangerait pas trop de ...?	Sei so gut und ...
Ça t'ennuierait de ...?	Würde es dir etwas ausmachen ...?
Ecoute, tu peux m'aider?	Kannst du mir mal helfen?

So bitten Sie um einen Gegenstand:

Veuillez me passer le sel, **s. v. p.?**	Könnte ich bitte das Salz haben?
Vous me passez le sel, **s. v. p.?**	Reichen Sie mir bitte das Salz?
Tu me donnes le vin, **s. t. p.?**	Gibst du mir bitte den Wein?
Pourrais-je avoir ta voiture ce soir?	Könnte ich heute abend dein Auto haben?
Tu peux me laisser la revue pour un moment?	Kann ich kurz die Illustrierte haben?

Anmerkung: s. t. p. = s'il te plaît; s. v. p. = s'il vous plaît.

L'art de la demande

Die Bitte um Hilfe

Lettre d'un paysan (dont la ferme se trouve non loin d'une centrale nucléaire) au ministre de l'agriculture:
«Monsieur,
je suis vraiment désolé de vous déranger de nouveau, mais ce matin, j'ai trouvé un autre de mes poulets médaillés dans la cour: raide, le bec grand ouvert, les jambes en l'air. **Auriez-vous la gentillesse de m**'expliquer ce phénomène?»
Quelques jours après le brave paysan reçoit la réponse suivante:
«Monsieur,
ce poulet est mort, lui aussi.»

***

René téléphone aux renseignements de l'aéroport:

- **Pourriez-vous me dire** combien de temps met le Concorde pour aller à Londres, mademoiselle?
- Une petite minute, monsieur, …
- Merci! et René raccroche.

***

Bitte um einen Gegenstand

Le petit Maurice est arrivé à l'âge de huit ans sans avoir jamais prononcé un seul mot. On peut s'imaginer le désespoir de ses pauvres parents. Mais un jour, au cours du déjeuner, il dit d'une voix ferme et claire:

- **Maman, s'il te plaît, aurais-tu l'amabilité de me passer** le sel et le poivre. La viande n'a aucun goût aujourd'hui.
- Maurice chéri, s'écrie sa mère pleine de joie, tu sais parler! Mais pourquoi ne l'as-tu pas fait plus tôt?
- Jusqu'alors, explique le garçon, je n'en ai pas eu besoin. Le service a toujours été parfait.

Die Kunst des Wünschens und Bittens

Die Bitte, etwas zu tun oder zu lassen:

Die Palette der folgenden «Bitten» reicht
von *inständig* bis *nachdrücklich:*

Je vous supplie de me laisser partir.	Ich flehe Sie an, lassen Sie mich gehen.
Je te serais très reconnaissant(e) d'éteindre la radio.	Ich wäre dir sehr dankbar, wenn du das Radio ausmachen würdest.
Je vous demanderais de ne pas fumer ici.	Ich möchte Sie bitten, hier nicht zu rauchen.
J'aimerais beaucoup que ...	Mir wäre es sehr lieb, wenn...
Vous seriez gentil(le) de ...	Seien Sie so freundlich ...
Sois gentil(le) et cesse de pleurer.	Sei so gut und hör auf zu heulen.
Ça ne te dérangerait pas trop de ...	Würde es dir viel ausmachen, zu ...
Ça t'ennuierait d'éteindre ta cigarette?	Macht es dir was aus, deine Zigarette auszumachen?
Tu as bientôt fini de ...	Kannst du nicht endlich aufhören zu ...

***

Une brave ménagère va consulter un radiologue.
– **Vous seriez gentile de** me passer cette boîte de conserve à la radio. L'étiquette s'est décollée et je ne sais plus si c'est des petits pois ou des haricots.

L'art de la demande

Die Bitte, etwas zu tun oder zu lassen

Un jour, René dit à sa femme:
– Tu sais, Anne, dès que je suis rasé le matin, je me sens dix ans plus jeune.
Anne le regarde longuement et lui demande en soupirant:
– René, **ne pourrais-tu pas** te raser le soir avant d'aller au lit?

***

Un touriste allemand entre dans un café.
– **Vous désirez, monsieur?**
– **Je voudrais** un sandwich avec du pain complet, du beurre danois, du jambon de Parme et de la moutarde de Dijon.
– Parfait, dit le garçon, **pourriez-vous** repasser demain pour le premier essayage?

***

Observé dans une salle de cinéma:

Lui: Vous êtes bien installée?	Elle: Oui, je suis très bien.
Lui: Le siège est confortable?	Elle: Oui, mais pourquoi …
Lui: Vous voyez bien?	Elle: Oui, mais, enfin …
Lui: Il n'y pas de courant d'air?	Elle: Non, mais dites donc …

Lui: **Alors, ça vous dérangerait de** changer de place avec moi?

***

Anne:	**Fais-moi plaisir** et arrête de fumer. Tu sais, la nicotine est un poison qui tue lentement.
René:	Pour te faire plaisir, je ne vais pas fumer de l'arsenic.

***

Un automobiliste qui attend sa femme devant un magasin depuis un bon moment demande à un agent de police:
– **Ça ne vous ennuierait pas** de me donner l'ordre de circuler?

Die Kunst des Wünschens und Bittens

Ausdrücke starken Wollens:

Cela me donne envie de ...	Dabei bekomme ich Lust zu ...
J'ai très/bien envie de ...	Ich habe große Lust ...
Je meurs d'envie de ...	Ich sterbe vor Verlangen ...
Je rêve de voler.	Ich träume davon zu fliegen.
Je t'implore de ...	Ich flehe dich an ...
Je vous supplie ...	Ich flehe Sie an ...

Der fromme Wunsch im Gebet:

Faites qu'un bateau vienne.	Gib, daß ein Schiff kommt!
Donnez-nous aujourd'hui notre pain quotidien.	Unser täglich Brot gib uns heute.

Behörden bitten etwas umständlicher:

Vous êtes prié(e) de ...	Sie werden gebeten ...

4. Ausrufe des Wünschens

Pourvu qu'il vienne!	Wenn er nur käme!
Si seulement tu te taisais!	Wenn du nur schweigen würdest!
Ça serait formidable si ...	Es wäre toll, wenn ...
Vivement dimanche!	Wenn es doch Sonntag wäre!

Wünsche, die nicht in Erfüllung gingen:

J'aurais tellement **aimé** te revoir. (Konditional II)
Si seulement il **m'avait** épousée. (Im Si-Satz Plusquamperfekt)

L'art de la demande

Ausdrücke starken Wollens

– Docteur, pas de grec, ni de latin. **Je vous supplie**, dites-moi franchement ce que j'ai.
– C'est simple: vous êtes un ivrogne, un paresseux et un gourmand.
– Merci, docteur. Et maintenant, **pourriez-vous** me traduire ce diagnostic en latin, au cas où ma femme voudrait savoir de quoi je souffre.

***

Une vieille fille entre dans une agence matrimoniale.
– **J'ai envie de me marier. Je voudrais** épouser un homme agréable, qui puisse me raconter des histoires intéressantes, qui sache chanter, jouer du piano et du violon. Mais **j'aimerais** aussi qu'il reste à la maison et qu'il ferme sa gueule quand il commence à me fatiguer.
– Ce qu'il vous faut, dit l'employée, ce n'est pas un mari, c'est un poste de télévision.

***

– Papa, dit un garçon de seize ans, **mon plus grand désir** pour mon anniversaire, c'est une encyclopédie.
– Tu feras comme moi, à ton âge, répond le père. Tu iras à pied.

***

Entrant dans une oisellerie pleine de perroquets, un monsieur dit au patron:
– **Je vou... voudr... voudrais** ache... acheter un pé... pé... pé...
– **Je vous implore,** sortez tout de suite, s'écrie le patron. Vous allez me gâter toute ma marchandise.

***

Lui:	Chérie, **je t'en supplie,** dis-moi que je suis vraiment le premier dans ta vie.
Elle:	Mais bien sûr, mon amour. Je me demande ce qu'ils ont, les garçons, à poser toujours la même question!

L'art de la demande

Dans le cabinet d'un dentiste une mère essaie de raisonner son petit garçon:
– Allons mon chéri, **je t'en supplie,** ouvre tout grand ta bouche afin que le docteur puisse retirer son doigt.

Der Imperativ im Gebet

En plein milieu de l'océan, sur une petite île déserte deux naufragés ont abandonné tout espoir d'être sauvés. Alors, l'un d'eux se met à genoux et commence à prier:
– Mon Dieu, **je vous en supplie, faites** qu'un bateau vienne nous sauver. Je promets que je donnerai tout mon argent aux pauvres, je renoncerai à l'alcool, je ne courrai plus après les jeunes …
– Arrête! lance son copain. Ne te rends pas malheureux! Il y a un bateau qui arrive.

***

Un clochard entre dans une église et commence à prier:
– Jésus, **faites que je** gagne à la loterie.
Alors une voix puissante vient du ciel:
– **Tu pourrais** quand même me donner un coup de main et acheter le billet, **s'il te plaît.**

***

En plein désert un missionnaire se trouve nez à nez avec un lion à l'air affamé.
– Jésus, s'écrie le pauvre, **je te supplie, inspire** à cette bête des sentiments chrétiens!
– Seigneur, dit alors le lion, **je te prie, bénis** la nourriture que je vais prendre!

L'art de la demande

Die Bitten der Behörden

Annonce parue dans un journal de province:
Aujourd'hui, les donneurs de sang **sont exceptionnellement priés** de se rendre à la mairie pour participer à une chasse présidentielle.

Ausrufe des Wünschens

Une jeune fille confie à sa mère:

- **Si seulement je pouvais** combiner les qualités de Pierre et de Robert!
- Que trouves-tu de bien à Pierre?
- Il est riche, intelligent et sportif.
- Et Robert?
- **Il veut absolument m**'épouser.

Unerfüllte Wünsche

Deux vieillards observent les jeunes filles qui passent devant leur banc:

- Moi, **j'aurais quand même bien voulu** me marier, soupire l'un d'eux.
- Et pourquoi ne l'as-tu pas fait? demande l'autre.
- Quand j'étais jeune, j'ai été fiancé à une jeune fille. Elle habitait à cent kilomètres de chez moi et je lui écrivais tous les jours, hélas!
- Et alors?
- Elle a épousé le facteur.

Die Kunst des Wünschens und Bitten

5. Wünsche erfragen

So liest das Dienstleistungsgewerbe Wünsche von den Augen ab:

Je peux vous aider, monsieur?
Vous désirez, mademoiselle?
Que puis-je pour vous, madame?
Qu'est-ce qu'il y a pour votre service, monsieur?

Im privaten Bereich gibt es sehr viele Varianten:

Permettez, madame (que je vous aide).
Qu'est-ce que je vous sers?
Désireriez-vous que je vous accompagne[1]?
Si vous voulez, je vous appelle un taxi?
Est-ce que je peux vous raccompagner?

6. Wünsche erfüllen

Der Franzose erhört Bitten ohne großen Wortaufwand:

Je peux avoir votre voiture?	**Allez-y.**
Je peux téléphoner?	**Mais bien sûr.**
Ça vous gêne si je fume?	**Pas du tout.**
Vous pourriez me dire où est ...?	**Avec plaisir.**
Tu me donnes un coup de main?	**Tout de suite.**
Tu pourrais m'emmener[2] avec toi?	**Très volontiers.**

Vokabelhilfen: [1] begleiten; [2] mitnehmen (von Personen).

L'art de la demande

Wünsche erfragen

Par une nuit d'été, dans un coin tranquille du parc, sous un ciel étoilé, Anne demande à René:
- **Veux-tu que je** te montre où on m'a opérée de l'appendice?
- **Certainement pas,** répond René, tu sais très bien que j'ai horreur des hôpitaux.

***

A la sortie de l'église un vilain sujet s'approche des nouveaux-mariés:
- Eh! fait-il au mari, est-ce que vous avez des photos de votre femme en costume d'Eve?
- Bien sûr que non!
- **Vous voulez** en acheter?

***

- Maman, maman …
- Qu'est-ce **que tu veux encore?**
- Maman, qu'est-ce qu'on fait d'une voiture qui tombe en panne tous les cent kilomètres?
- Hmm … Normalement, on la vend à papa.

***

Appel téléphonique à un studio de télévision:
- Dites, mademoiselle, est-ce que l'orchestre qui joue dans l'émission en direct peut remplir un souhait d'un spectateur?
- **Avec plaisir, monsieur. Qu'est-ce que vous désirez?**
- Alors qu'ils abandonnent la musique et jouent plutôt au ping-pong.

***

Un automobiliste a écrasé un coq.
- Vous allez me le remplacer, hurle le fermier hors de lui.
- **Très volontiers,** répond l'autre poliment. A quelle heure **voulez-vous que** je chante devant votre fenêtre, pour vous réveiller?

Die Kunst des Wünschens und Bittens

7. Wünsche ablehnen

Bei der Ablehnung wäre es unhöflich, mit Worten zu sparen.
Man wähle die Form:

Entschuldigung/Ausdruck des Bedauerns + Ausrede/Grund

Entschuldigung, Ausdruck des Bedauerns:

Excusez-moi ...
Je suis vraiment désolé(e) ...
Je suis désolé(e) ...
Désolé(e).
Je regrette ...
Je regrette infiniment, ...
Je suis navré(e) ...

Ausrede, beziehungsweise Grund:

... je suis très pressé(e).
... je n'ai pas le temps.
... je ne peux pas, je ne suis pas d'ici.
... mais il faut d'abord que je finisse ça.
... c'est difficile parce que ...
... pas aujourd'hui. Peut-être demain.
... j'ai la grippe, j'ai mal à la tête.
... j'ai un rendez-vous chez mon docteur.

L'art de la demande

Wünsche ablehnen

Garçon: **Vous désirez, monsieur?**
Client: **J'aimerais avoir** un steak bien dur et brûlé avec des frites recouvertes de graisse froide.
Garçon: **Impossible,** monsieur, chez nous on ne sert pas ce genre de plats.
Client: Ah bon! C'est pourtant ce que vous m'avez servi hier.

***

Fils: Maman, **je ne veux pas** aller à l'école. Les enfants se moquent de moi et les professeurs me haïssent. **Ne pourrais-je pas** rester au lit?
Mère: **Je regrette,** Albert, mais ça ne va pas. Après tout, c'est toi le proviseur.

***

Un riche négociant en vins va voir le Pape.
– Votre Sainteté, je suis venu pour vous proposer une affaire. **Ne pourriez-vous pas** changer la formule de la prière «**Donnez-nous** aujourd'hui notre ***PAIN*** quotidien» pour «**Donnez-nous** aujourd'hui notre ***VIN*** quotidien»?

Le Pape appelle son secrétaire, ils se retirent pour consulter leurs dossiers, et après une heure ils reviennent.
– **Je suis navré, mon fils,** dit le Pape, notre contrat avec les boulangeries de Rome ne se termine qu'en 1999.

***

– Maman, j'ai 16 ans demain. Ne pourrais-tu pas m'offrir un bikini?
– **Non,** Charles.

***

Un gamin est tombé dans la Seine. «Sauvez-moi! hurle-t-il. Au secours! Sauvez-moi!»
Un vieux monsieur sur un pont secoue sa tête et dit sévèrement: «Il faut dire: **Sauvez-moi, *monsieur, s'il vous plaît!***»

L'art de la demande

Test

Übersetzen Sie die deutschen Ausdrücke des Wünschens.

1.

Deux Allemands entrent dans un bar à Paris.
Le garçon arrive: **(Sie wünschen, meine Herren)?**
Comme ils sont très snobs, ils veulent passer pour des Anglais et le premier dit:
– Two martinis, **please.**
– Dry? demande le garçon.
– Nein, äh no, zwei, not drei, fait l'autre Allemand.

2.

Lui:	Mon amour, **(ich will/habe den Wunsch)** t'épouser!
Elle:	Mais as-tu déjà vu papa et maman?
Lui:	Oui, mais **(ich möchte)** quand même t'épouser.

3.

– Mademoiselle, s'écrie le présentateur de télévision, vous avez gagné le concours de la secrétaire la plus intelligente. Le premier prix, c'est un week-end fou avec une vedette de votre choix. Qui choisissez-vous?
– Euh …, dit-elle en rougissant, **(ich hätte sehr gerne) que ce soient les Rolling Stones.**

4.

Deux astronautes frappent à la grande porte du ciel. Saint Pierre ouvre, les regarde et dit:
– Messieurs, si vous voulez attendre un petit moment. Il me faut d'abord vérifier vos dossiers pour voir si …
– C'est pas la peine, l'interrompt l'un d'eux, on ne veut pas encore entrer au Paradis.
– Alors, s'étonne Saint Pierre, **(was kann ich für Sie tun)?**
– **(Wir wären Ihnen sehr dankbar, wenn …)** de nous rendre notre satellite.

Die Welt schön finden

Exprimer sa joie et sa préférence

In diesem Kapitel lernen Sie, Ihren positiven Gefühlen Ausdruck zu verleihen. Gebrauchen Sie diese Redemittel, wann immer es Ihnen die Situation erlaubt, denn glückliche und zufriedene Menschen finden leichter Kontakt zu ihren französischen Gesprächspartnern.

Die Welt schön finden

1. Die «Basisverben» aimer, adorer, plaire, trouver bien

Man beachte, daß die Verben **aimer** und **adorer** in Verbindung mit Dingen etwas anderes bedeuten als mit Personen.

Sachen	Personen
J'aime la bière. Ich trinke gerne Bier. **J'adore ce fromage.** Ich esse diesen Käse für mein Leben gern.	**J'aime Pierre.** Ich liebe Peter. **Je t'adore, chérie.** Du bist hinreißend, Liebling.

Während Sie mit **Je t'aime** eine Liebeserklärung machen, ist **Je t'aime bien** ein unverbindlicher Ausdruck von Sympathie.

Die Verben **trouver bien** (gut finden) und **plaire** (gefallen) werden unterschiedslos für Personen und Sachen gebraucht.

Sachen	Personen
Je trouve ce livre pas mal. **Je le trouve merveilleux.** **Ça me plaît beaucoup.** **Ça m'a beaucoup plu.**	**Je trouve cette fille pas mal.** **Je la trouve merveilleuse.** **Elle me plaît beaucoup.** **Elle m'a beaucoup plu.**

Exprimer sa joie et sa préférence

J'adore le travail. Je peux regarder un homme travailler pendant des heures.

***

Ce que j'adore en Pierre, dit Anne à sa mère, c'est qu'il a les yeux bleus de sa mère et l'Alfa-Roméo de son père.

***

René tend à l'employé de poste le texte d'un télégramme adressé à sa fiancée. L'employé lit à haute voix:
«Je t'adore. Je t'adore. Je t'adore.» Il réfléchit, puis il dit:
– Pour le même prix vous pouvez encore ajouter deux mots.
René réfléchit longuement puis il ajoute:
«Sentiments distingués.»

***

J'aime bien les mini-jupes. Je n'y vois que des avantages.

Francis Blanche

***

J'aime m'asseoir seul à la terrasse d'un café et regarder les gens. Malheureusement, ce sont les gens qui me regardent.

Clint Eastwood

***

Marylin Monroe, quand elle tournait *Some Like It Hot* aurait confié à Tony Curtis:
– Il y a quatre endroits où **j'aime qu'**on m'embrasse.
– Et lesquels?
– Venise, Paris, Rio et Hongkong.

***

Dans le dortoir d'un internat suisse pour les enfants des super-riches, deux gosses bavardent:
– Moi, ma nouvelle maman, **je la trouve pas mal du tout.**
– Je sais, dit son copain. Nous, on l'a eue l'année dernière.

Die Welt schön finden

Die Verben **admirer** (bewundern) und **apprécier** (mögen, schätzen) werden häufig für Personen, Verhalten und Leistung gebraucht.

J'admire son intelligence.	Ich bewundere seine Intelligenz.
J'admire sa manière d'organiser le travail.	Ich bewundere, wie er seine Arbeit einteilt.
J'admire la façon dont il organise ses affaires.	Ich bewundere, wie er seine Geschäfte regelt.
J'ai une grande admiration pour lui.	Ich empfinde große Bewunderung für ihn.
J'apprécie beaucoup notre chancelier.	Ich schätze unseren Bundeskanzler sehr.
Le comble du bonheur, c'est ...	Das höchste Glück ist, ...
Je ne connais rien de plus agréable que ...	Ich kenne nichts Angenehmeres als ...

2. Weitere Ausdrücke der Zufriedenheit

Je remarque avec satisfaction que ...	Ich sehe mit Genugtuung, daß ...
Je suis très content(e) que ...	Ich freue mich sehr, daß ...
Ça me fait plaisir.	Das freut mich/gefällt mir.
On est très bien ici.	Es ist sehr schön hier.
Je me sens à l'aise ici.	Ich fühle mich hier wohl.
Ça fait du bien!	Das tut gut!
Je suis bien.	Ich fühle mich wohl.

Exprimer sa joie et sa préférence

George Bernard Shaw a reçu une lettre d'une admiratrice américaine qui n'y allait pas par quatre chemins:
«Cher maître, **j'ai la plus grande admiration pour vous.** Vous êtes l'homme le plus intelligent des deux mondes et moi j'en suis la plus jolie femme. L'enfant qui naîtrait de notre mariage serait la perfection même.»
Et Shaw de répondre:
«Hélas, notre enfant aurait peut-être ma beauté et votre intelligence.»

***

Au-dessus du zinc d'un bar, il y avait cette affiche:
Si vous appréciez les couleurs de notre téléviseur, il est grand temps de vous arrêter de boire – il est en noir et blanc.

***

- En somme, demande un journaliste à un milliardaire, qu'est-ce que l'argent vous a apporté de plus satisfaisant?
- Eh bien, **ce que j'apprécie le plus,** c'est que ma femme a arrêté de faire la cuisine.

***

René:	Depuis un an, j'écris régulièrement mes pensées sur ce petit carnet.
Anne:	**Je suis très contente de l'apprendre.** Tu en as déjà combien de lignes?

***

«Moi, **je ne connais rien de plus agréable qu**'un feu rouge. Surtout quand vous y rattrapez le type qui vous a doublé quelques minutes plus tôt en vous narguant de coups de klaxons.»

***

«**Pour moi,** a dit Francis Blanche, **le comble du bonheur serait** d'être dentiste et de dire à un de mes clients: Il me semble vous reconnaître. N'êtes-vous pas cet agent qui m'a collé hier une contravention?»

Die Welt schön finden

3. Eine Vorliebe für etwas haben: aimer mieux, préférer

Je préfère le thé.	Ich ziehe Tee vor.
Je préfère le thé **au** café.	Ich mag Tee lieber als Kaffee.
J'aime mieux le pull vert.	Ich mag den grünen Pulli lieber.
Ce pull-là **me plaît le plus.**	Der Pulli gefällt mir am besten.
Je le trouve mieux.	Ich finde es/ihn besser.
Cela me plaît davantage.	Das gefällt mir besser.

Ein Wort zur Grammatik:

Folgt den Ausdrücken des Entzückens und der Vorliebe ein **Nebensatz mit que,** so steht dessen Verb im **Konjunktiv.**

Je préfère qu'il sorte.
Je suis content(e) que tu sois là.
Il me plaît que tu sois si poli.

***

Jean Cocteau a dit dans une interview:
– Moi, **je préfère** les chats **aux** chiens.
– Et pourquoi? lui a-t-on demandé.
– **Je les aime mieux** parce qu'il n'y a pas de chats policiers.

***

Une chèvre est en train de dévorer *Les Misérables* de Victor Hugo, qu'un pique-niqueur avait oublié dans le pré.
– **Il est bon?** demande sa copine chèvre?
– **Pas mal!** Mais **j'avais préféré le film.**

Exprimer sa joie et sa préférence

Deux déménageurs montent un énorme piano à queue au sixième étage. Sur le palier du troisième, ils soufflent une minute. L'un d'eux s'éponge le front et dit à l'autre:
– Moi, **je préfère** le violon.

***

Anne: Chéri, dis-moi **ce que tu aimes mieux.** Une femme jolie ou une femme intelligente?

Didier: **Je ne préfère ni l'une, ni l'autre,** chérie. Tu sais bien que je n'aime que toi.

***

– Papa, papa, je suis troisième en orthographe, alors tu me l'achètes, la bicyclette que tu m'as promise?
– Oui, à condition que tu m'écrives correctement le mot bicyclette.
– Hummmm ..., tu sais, papa, je crois **que j'aimerais mieux que tu m**'achètes un vélo.

***

Trois vieillards discutent de la meilleure façon de mourir.
– Moi, dit le premier, **je voudrais m**'endormir tranquillement devant le téléviseur.
– Moi, dit le deuxième, **je préférerais** mourir vers la fin d'un menu préparé par le meilleur chef de cuisine de France.
– Eh bien, moi, dit le troisième, **j'aimerais bien** mourir dans mon lit tué par un coup de fusil tiré par un mari jaloux.

***

Malade: Croyez-vous que cette opération soit absolument nécessaire? Elle me coûtera cher!

Docteur: **Préférez-vous** les frais d'un enterrement?

Malade: Bien sûr que non! Mais je n'ai pas envie de payer les deux!

Die Welt schön finden

4. Spontane Ausrufe des Gefallens und der Bewunderung

Bewundernde Ausrufe werden eingeleitet durch:

Qu'est-ce que c'est	beau!
Ce que c'est	joli!
Que c'est	élégant!
C'est	extra, ça!

Durch Sprachökonomie wurde das **Qu'est-ce que c'est** … zu **Ce que** … und **Ce** … reduziert. **Comme** und **Quel(le)** sind ebenfalls Signale der spontanen Bewunderung.

Weitere Beispiele:

Comme tu es intelligent(e)!
Quelles jolies fleurs!
Ce qu'elle est belle!
Qu'est-ce qu'elle est bonne, votre soupe!
C'est vraiment fantastique/sympa.

Die Strukturen drücken einen *hohen Grad* aus, also je nach der Bedeutung des Adjektivs auch Staunen oder Mißfallen.

5. Kurzformen freudiger Überraschung

Super! Extra! Chouette!
Formidable! Merveilleux!
Parfait! Pas mal!

Exprimer sa joie et sa préférence

C'est une soirée très chic. Les femmes sont en robes du soir.

Anne: **Quelle merveilleuse réception!**
René: C'est vrai, **c'est merveilleux.**
Anne: Et les toilettes, **quelle merveille! Tu ne trouves pas?**
René: Les toilettes? Je ne sais pas. Je n'y suis pas encore allé.

***

Même soirée. Quelques minutes plus tard.
René: Bonjour madame Roussel! **Quel décolleté!**
Mme Roussel: Mais pourquoi me le dites-vous deux fois?
René: Ce n'est pas moi, madame, c'est l'écho.

***

Dans le zoo, deux sténodactylos admirent les gorilles.
– **Quelle force! Ils sont formidables, non?**
– Oh, oui! Ils ont tout. Il ne leur manque que l'argent.

***

Deux vedettes de cinéma sont en train de bavarder:
– Vous savez que je viens de me marier pour la troisième fois?
– **Mais c'est merveilleux!** Quel âge a votre mari?
– Eh bien, à nous deux, nous avons soixante ans …
– Oh, **super!** C'est un gamin alors! s'exclame l'autre en souriant.

***

Un Ecossais propose à sa fiancée de passer un week-end à Glasgow.
– Darling, connais-tu la différence entre un taxi et un train?
– Non! Il y en a?
– **Parfait,** darling, fait le garçon, dans ce cas, nous allons prendre le train.

***

Deux étudiantes bavardent:
– **Comme il est beau,** ce nouveau professeur!
– Oh, oui! Et **qu'est-ce qu'il s'habille bien!**
– Oh, oui! Et **ce qu'il s'habille vite!**

Exprimer sa joie et sa préférence

Test

1. Übersetzen Sie bitte die deutschen Ausdrücke.

– **(Ich stelle mit Genugtuung fest),** dit le juge à un récidiviste, que pendant trois ans vous n'avez eu aucune condamnation.
– Que voulez-vous, répond l'accusé, j'étais en prison.

***

René: Ton rendez-vous avec Brigitte, ça s'est bien passé?
Yves: **(Es hat mir gut gefallen).** Mais sans moi, je me serais ennuyé.

2. Welcher Ausruf des Entzückens paßt hier?

Deux dactylos admirent une Rolls Royce en stationnement.
– ………… **voiture!** dit l'une. C'est tout à fait mon type d'homme.

3. Was ist Ihnen lieber? Bitte ergänzen Sie die Antworten.

a) Qu'est-ce que je vous sers? Du vin rouge ou du vin blanc? – Moi, je ……………………………… ………………………………………
b) Une belle voiture la BMW? Ne trouves-tu pas? – La Mercedes ……………………… ………………………………… davantage.
c) Pierre est un garçon formidable, n'est-ce pas? – J' ………………… mieux son frère …………………………………… Jean.
d) Laquelle de ces bagues veux-tu? Tu as le choix. – Celle au milieu me ……………… …………………………………… plus.
e) Tu as déjà fait la connaissance de mon nouveau mari? – Oui, et je le ……………………… ……………………………… que l'ancien.

Probleme, Angst und Sorgen teilen

Exprimer ses soucis et sa peur

Gerade im Ausland können Problemchen zu Problemen werden. Doch auch hier gilt: *«Geteiltes Leid ist halbes Leid.»* Teilen Sie Ihre Probleme und Sorgen, indem Sie sich mitteilen.

Probleme, Angst und Sorgen teilen

1. Die Probleme des anderen erfragen

(Siehe auch Kap. 7 S. 98)

Qu'est-ce que tu as?	Was hast du?
Quelque chose qui ne va pas?	Ist etwas nicht in Ordnung?
Pourquoi fais-tu cette tête d'enterrement?	Warum machst du so eine Leichenbittermiene?

2. Die Situation als ernst beschreiben

C'est vraiment pas facile.	Das ist wirklich nicht leicht.
C'est difficile.	Das ist schwer.
La situation est très grave.	Die Lage ist sehr ernst.
Votre cas est inquiétant.	Ihr Fall ist beunruhigend.
C'est alarmant.	Das ist besorgniserregend.
On est dans le pétrin.	Wir stecken in der Klemme.

3. Wie Sie auf Probleme hinweisen

J'ai un problème.	Ich habe ein Problem.
Mon problème c'est que ...	Ich habe folgendes Problem: ...
Ça me pose des problèmes.	Das macht mir Probleme.
J'ai des ennuis.	Ich habe Ärger, Schwierigkeiten.
J'ai beaucoup de mal à ...	Es fällt mir sehr schwer, zu ...
J'ai des difficultés à ...	Ich habe große Schwierigkeiten bei ...
J'ai un mal fou à ...	Ich habe Riesenprobleme bei ...

Exprimer ses soucis et sa peur

Deux amis se croisent dans la rue.
– **Qu'est-ce qui ne va pas?**
– J'attends un bébé.
– **Et c'est pour ça que tu fais cette tête d'enterrement?**
– Oui, je me demande comment l'apprendre à ma femme.

***

Yves: **Pourquoi fais-tu cette tête d'enterrement? Ça ne va pas?**
René: **J'ai des ennuis.** Ma femme veut me quitter.
Yves: Mais pourquoi?
René: Je lui ai dit que ses bas faisaient des plis.
Yves: C'était tout?
René: Oui, mais justement, ce jour-là, elle ne portait pas de bas.

***

Un riche banquier qui a négocié une bonne affaire à l'étranger téléphone à sa maîtresse:
– Chérie, je t'ai envoyé un Picasso et une Ferrari. Est-ce que tu les as bien reçus?
– Je crois que oui, **mais j'ai un problème.** Quelle est la Ferrari et quel est le Picasso?

***

– **Mon problème,** dit René, **c'est que** tout ce que j'aime dans la vie, ou bien c'est immoral ou bien ça fait grossir!

***

Un veuf d'une paroisse de Venise va voir son curé.
– Mon père, **j'ai des difficultés à trouver** l'argent pour les obsèques de ma femme. Un enterrement de troisième classe, ça se passe comment?
– Eh bien, dit le curé, la bière sur une gondole, et la famille suit à la nage.

Probleme, Angst und Sorgen teilen

4. Seine Ratlosigkeit eingestehen

Je ne sais pas comment je dois m'y prendre.[1]
Je ne sais pas que faire.
Je n'y vois pas de solution.
La situation me paraît sans issue.[2]
Je ne vois pas comment me débrouiller.[3]
Que faire? Quoi faire?[4] Comment faire?

5. Wer seine Sorgen versprachlicht, trägt leichter daran

Je me fais du soucis[5] parce que ...
C'est un grand soucis pour moi de ...
Je m'en fais beaucoup (fam.).[6]
Ça me préoccupe[7]. Ça m'inquiète.[8]
Ce qui m'inquiète c'est ...
Je suis inquiet(iète) parce que ...
Je commence à m'inquiéter.
Je commence à être inquiet(iète).
Je suis anxieux(se)[9].
Je me fais beaucoup de soucis pour lui.

Vokabelhilfen: [1] Ich weiß nicht, wie ich mich dabei anstellen soll; [2] ausweglos; [3] sich zu helfen wissen; [4] was tun? [5] Sorge; [6] Ich mache mir große Sorgen; [7 und 8] das beunruhigt mich; [9] ängstlich.

Exprimer ses soucis et sa peur

Je ne sais plus que faire: j'ai consulté deux médecins. Le premier veut m'envoyer à Pau, pour une maladie de foie, et le second à Foix pour une maladie de peau.

Francis Blanche

***

Le chef de la tribu confie au sorcier de sa tribu:

– **Mon petit garçon m'inquiète. Je me fais beaucoup de soucis pour lui.** Il manque d'appétit. Voilà bien trois jours qu'il n'a mangé personne. **Je ne sais pas que faire.**

***

– **Je suis anxieux,** docteur. Toute la journée je fais des ronds de fumée.
– Ne vous en faites pas. C'est normal. Presque tous les fumeurs en font.
– Mais moi, je ne fume pas, docteur!

***

Lafontaine: Rassurez-vous, messieurs. Nous ne pourrons pas perdre les élections – tous les gens intelligents seront pour nous.

Vogel: **C'est bien ce qui me préoccupe.** Il y en a si peu.

***

– Mon Dieu! quel temps! et ma femme qui n'a pas son parapluie!
– Ne t'en fais pas, elle ira se réfugier dans un magasin.
– **Mais c'est justement ça qui m'inquiète.**

***

Sur son lit d'hôpital, René reçoit la visite de son médecin qui revient de vacances.

– Alors, comment ça va? J'espère que mon confrère s'est bien occupé de vous.
– Oh oui, docteur. **La seule chose qui m'inquiète, c'est** que votre collègue n'a pas du tout le même diagnostic que vous!
– Ce n'est pas grave, mon vieux. L'autopsie me donnera raison!

Probleme, Angst und Sorgen teilen

6. Aufgeben ist manchmal besser, als sich abzuquälen

Ça me dépasse.	Das ist mir zu hoch/schwer.
Je suis complètement dépassé(e).	Ich bin völlig überfordert.
Je n'arrive pas à le faire.	Das bringe ich nicht fertig.
Je n'y arrive pas.	Das schaffe ich nicht.
Il n'y a rien à faire.	Da ist nichts zu machen.
Je ne peux rien y faire.	Ich kann da nichts machen.
Je n'en peux plus.	Ich kann nicht mehr.
C'est fichu. C'est foutu (fam.).	Das ist im Eimer/futsch.

7. Enttäuschung äußern ist Gebot seelischer Hygiene

Quel dommage!	Wie schade!
C'est dommage que …	Es ist schade, daß …
J'ai pas de chance.	Ich habe kein Glück.
Ça valait pas le coup.	Das hat sich nicht gelohnt.
Je suis déçu(e).	Ich bin enttäuscht.
C'est décevant.	Das ist enttäuschend.
C'est une grande déception.	Das ist eine große Enttäuschung.
Tu me déçois.	Du enttäuschst mich.
Je suis déprimé(e).	Ich bin deprimiert.
Je suis désespéré(e).	Ich bin verzweifelt.
Je suis en pleine dépression.	Ich bin völlig deprimiert.
Je suis perdu(e).	Ich bin verloren.

Exprimer ses soucis et sa peur

Patient: Dites-moi la vérité, docteur, **c'est grave?**
Docteur: **Il n'y a rien à faire.** Votre maladie est héréditaire.
Patient: En ce cas, vous n'aurez qu'à envoyer votre note d'honoraires à mes grands-parents.

***

Une Sicilienne de Palerme vient consulter un avocat:
– Maître, **je n'en peux plus!** Mon mari me trompe sans arrêt. Je souhaite divorcer. Pouvez-vous m'aider?
– Certainement, chère madame.
– Parfait, quels seront vos honoraires?
– Dix millions …
– Dix millions! Mais vous n'y pensez pas! Pour la moitié je pourrais le faire assassiner!

***

Deux producteurs voient passer une starlette qui a fait leurs folles nuits d'autrefois. Et l'un d'eux murmure:
– Je lui donne quinze ans pour sa façon de parler, seize ans pour la façon de s'habiller et dix-sept ans pour la façon de se maquiller. **Ce qui est dommage c'est qu**'il faut faire le total.

***

Dans la cage d'un zoo, deux tigres contemplent tristement un chapeau.
– C'était un bon vétérinaire! remarque le premier.
– Oui, soupire l'autre, **c'est dommage qu**'il n'en reste plus.

***

René, très content de lui, s'installe tout nu devant le miroir, et, s'admirant sous tous les angles, dit à Annette:
– C'est beau ça, hein! Quatre-vingt-cinq kilos de muscles! Quatre-vingt-cinq kilos de dynamite! …
– **Hélas!** soupire sa fiancée, **ce qui est un peu décevant** c'est que la mèche en est un peu courte.

Probleme, Angst und Sorgen teilen

8. Resignation und Fatalismus

Je n'ai pas le choix.	Mir bleibt nichts anderes übrig.
Tant pis!	Da kann man nichts machen.
C'est la vie.	So ist das Leben.
Je m'y attendais.	Ich habe es nicht anders erwartet.
Il fallait s'y attendre.	Das war ja zu erwarten.
C'était à prévoir.	Das war vorauszusehen.

9. Wie Sie Ihre Ängste versprachlichen

Je ne suis pas rassuré(e).	Das beruhigt mich nicht.
Je suis angoissé(e).	Ich habe Angst.
J'ai des angoisses.	Ich habe Angst.
Je crains que …	Ich fürchte, daß …
J'ai peur que …	Ich habe Angst, daß …
Cela me fait peur.	Das macht mir Angst.
J'ai drôlement peur.	Ich habe große Angst.
J'ai peur pour toi.	Ich habe Angst um dich.
J'ai peur de toi.	Ich habe Angst vor dir.
Si tu savais ce que j'ai peur.	Wenn du wüßtest, wie sehr ich Angst habe.

Im Gespräch mit guten Freunden können wir auf sprachliche Etikette ganz verzichten und unsere Angst familiär ausdrücken:

Je crève de peur. J'ai la trouille/la frousse.
J'ai une de ces trouilles/frousses/pétoches.

Exprimer ses soucis et sa peur

L'humour noir des Anglais:

Le vieux lord McAngus a échappé miraculeusement à un accident de chemin de fer.

– Mylord, lui annonce avec précaution un agent de police, **je crains que** votre secrétaire ait eu moins de chance. Il a été coupé en deux.
– **Hélas!** soupire McAngus, alors apportez-moi le morceau sur lequel se trouvent les clés du château.

***

Une jeune femme entre complètement affolée dans un commissariat:

– Monsieur le commissaire, **je crains que** ma femme de ménage ne vienne de passer par la fenêtre!
– Eh bien, **c'est la vie,** soupire le commissaire, la prochaine fois, n'oubliez pas de lui donner les clés.

***

Yves:	Ça a l'air de ne pas aller.
René:	C'est le cas de le dire. **Je suis en pleine dépression.**
Yves:	Pourquoi donc?
René:	Eh bien, tu sais que je supporte mal la solitude. Alors, j'ai écrit au *Club des âmes seules* en envoyant ma photo et ils viennent de me répondre que personne au club n'est solitaire à ce point-là.

***

– **Qu'est-ce que tu as? Ça ne va pas?**
– **Non pas du tout. Je crains de** devenir aveugle. Toute la journée, je vois des points noirs. **Si tu savais ce que j'ai peur.**
– Tu as vu l'oculiste?
– Non, pas l'oculiste. Des points noirs.

Probleme, Angst und Sorgen teilen

10. So kommentiert man ein Malheur

Un malheur n'arrive jamais seul.	Ein Unglück kommt selten allein.
C'est une calamité!	Das ist ein Unglück.
Quelle catastrophe!	Was für eine Katastrophe!
C'est une véritable catastrophe!	Das ist eine echte Katastrophe!
Zut alors!	So etwas Dummes!
Mince!	Verflixt!
Hélas! (vornehm)	Ach! Oh weh!
Merde! (etwas vulgär)	Sch…!
Au secours!	Hilfe!

11. Die Grammatik der Angst und Sorgen

(Präposition) + Nomen	**Je crains la mort.** **J'ai peur de toi.**
de + Infinitiv	**J'ai peur de** ne plus te **revoir.** **Je crains d'avoir** attrapé une maladie. Haupt- und Nebensatz haben das selbe Subjekt
que + Konjunktiv	**Je crains qu'il soit** malade. **J'ai peur que tu ne reviennes plus.** Haupt- und Nebensatz haben verschiedene Subjekte

Der Konjunktiv steht im **que-Satz nach Ausdrücken der Gemütsbewegung** wie **Angst, Freude, Staunen, Wünschen und Wollen.**

Exprimer ses soucis et sa peur

Une jeune femme reçoit un télégramme et lit à haute voix:
«Votre voiture conduite par maman, réduite en miettes par accident».
– **Quel malheur!** s'écrie le mari.
Sa femme poursuit: «Maman légèrement blessée».
– Décidément, soupire le mari, **un malheur n'arrive jamais seul.**

***

Un Anglais, membre du Labour Party, explique la différence entre un malheur et une calamité de la manière suivante:
– Supposez que Thatcher tombe dans la Tamise: **c'est un malheur.** Mais si quelqu'un la sauve, **ça c'est une calamité.**

***

Une dame va consulter une voyante pour une affaire de famille.
Voyante: **Ah, mon Dieu, c'est terrible!** Votre mari est en danger de mort.
Cliente: Je sais, je sais. Mais dites-moi, serai-je acquittée?

***

Une femme téléphone au commissariat de police:
– **Au secours!** hurle-t-elle, venez vite, il y a deux hommes sous mon lit. Il faut absolument en mettre un dehors!

***

Une dame très snob entre chez un antiquaire et elle lui dit:
– Ce vase bleu-là, il est bien du seizième siècle?
– **Hélas! non,** répond l'antiquaire. Je ne veux pas vous tromper. Il est du vingtième siècle.
– **Quel dommage!** dit la dame. Il était si joli.

***

– **C'est une véritable catastrophe!** confie René à son ami. Mon futur beau-père n'accepte de me voir épouser sa fille que lorsque j'aurai payé toutes mes dettes.
– Eh bien, paie-les.
– C'est que j'en suis bien incapable aussi longtemps que je n'aurai pas épousé sa fille.

Exprimer ses soucis et sa peur

Test

1. Übersetzen Sie die deutschen Ausdrücke in Klammern.

La maman kangourou n'arrête plus de se gratter le ventre depuis quelque temps. Le papa kangourou est inquiet:
– **(Ist etwas nicht in Ordnung?)** lui dit-il.
– C'est ta faute, imbécile! dit la maman kangourou. Tu es toujours en train de donner des biscottes aux enfants.

***

On donne une réception à l'ambassade. Le jeune diplomate américain demande à sa charmante voisine:
– **Pardon, madame, (könnten Sie mir bitte helfen? Ich habe ein kleines Problem.)** Cet homme là-bas, c'est vraiment Alain Delon?
– Oui, bien sûr. Pourquoi demandez-vous? Tout le monde le connaît.
– C'est que, l'autre jour, on m'a présenté Victor Hugo, et huit jours après j'ai appris que ce n'était pas lui.

***

2. Ergänzen Sie die Dialoge mit den Redemitteln dieses Kapitels.

a) Qu'est-ce.........?	– Je me fais ....ma mère.
b) Quelque chose.........?	– Je ne sais ....faire.
c) Ma mère s'est cassé la jambe.	– A son âge, c'est...........................
d) Il n'y ......faire. Je n' .... pas à payer mes dettes.	– Tu n'as ....pas de ....
e) Les enfants sont déjà rentrés?	– Non, je commence ....
f) Quel accident! La voiture est	– Oui, c'est fichu. Quel ....
g) Papa, j'ai raté l'examen.	– C'est une grande .... Mais je m'y ....

Erste Hilfe bei Pleiten, Pech und Pannen

Le mot juste en cas de panne

Nicht immer ist Schweigen Gold. Wenn Ihren Mitmenschen etwas schiefgeht, dürfen Sie nicht sprachlos bleiben, sonst gelten Sie als Unmensch. Zur Pflege der mitmenschlichen Beziehungen benötigen Sie die Redemittel der Anteilnahme und der Aufmunterung.

Hilfe bei Pleiten, Pech und Pannen

1. Fürsorgliche Fragen

Geteiltes Leid ist halbes Leid. Mit folgenden Redemitteln bieten Sie offene Ohren und eine Schulter zum Ausweinen an:

Ça n'a pas l'air d'aller.	Du scheinst Kummer zu haben.
Que t'est-il arrivé?	Was ist mit dir passiert?
Qu'est-ce qui ne va pas?	Wo drückt der Schuh?
Il y a quelque chose qui ne va pas?	Stimmt etwas nicht?
Tu as un problème?	Hast du ein Problem?
Qu'est-ce qui te préoccupe?	Was macht dir Sorgen?
Quel est votre problème?	Wo liegt Ihr Problem?
Je peux faire quelque chose pour toi?	Kann ich dir helfen?

2. Worte der Anteilnahme und des Verständnisses

Bis Ihnen Problemlösungen einfallen, gewinnen Sie Zeit mit Worten der Anteilnahme und des Mitgefühls:

C'est très décevant[1], je sais.
Je comprends très bien que tu sois déçu(e)[2].
Je comprends votre appréhension[3].
Je me mets à ta place.
Non, vraiment, je ne voudrais pas être à votre place.
Vous n'avez vraiment pas de chance.
Tu n'as vraiment pas de pot/veine[4] (familiär).

Vokabelhilfen: [1] enttäuschend; [2] enttäuscht; [3] Besorgnis; [4] Schwein haben.

Le mot juste en cas de panne

Un type rencontre un de ses meilleurs amis qui depuis deux semaines est obligé de se déplacer en fauteuil roulant.

– **Que t'est-il arrivé?,** lui demande-t-il.
– Rien. J'ai simulé un accident pour pouvoir toucher une grosse prime d'assurance.
– Mais tu es complètement dingue! Tu dois rester dans ce fauteuil jusqu'à la fin de tes jours.
– **Ne t'en fais pas.** La semaine prochaine, je vais à Lourdes!

***

Yves: **Ça n'a pas l'air d'aller. Qu'est-ce qui ne va pas?**
René: Figure-toi que le mois dernier, j'ai perdu mon oncle qui m'a laissé un château. Ma grand-mère est décédée il y a quinze jours, et j'ai hérité d'un million en actions. Quand mon père est mort, il y a une semaine, j'ai hérité d'un hôtel ... Et cette semaine ... rien!

***

– **Il y a quelque chose qui ne vas pas?**
– Je suis complètement déprimé. J'ai acheté un lit Louis XV, et je me suis rendu compte qu'il était trop petit pour moi.
– **Ce n'est pas si grave que ça.** Essaie de l'échanger pour un lit Louis XVI.

***

– Oh docteur, mon fils fait pipi au lit, vous croyez que c'est grave?
– **Je me mets à votre place,** madame. J'ai moi-même trois enfants. Vous verrez que cela va passer très vite.
– Ah, bon, vous me soulagez, je suis sûre que sa femme va l'être aussi.

***

– Docteur, j'ai des insomnies.
– **C'est pas grave.** Tenez! Je vous en ai mis pour deux semaines.
– Doucement, docteur! Je ne veux pas dormir si longtemps.

Hilfe bei Pleiten, Pech und Pannen

3. Worte des Bedauerns und des Trostes

Wie man jemanden bedauert:

Pourquoi pleurer comme ça?	Warum denn so weinen?
Ne sois pas triste.	Sei nicht traurig.
Vous me faites vraiment pitié.	Sie tun mir wirklich leid.
Ça me fait pitié de te voir comme ça.	Du siehst wirklich bedauernswert aus.
Tu es vraiment à plaindre!	Du bist wirklich zu bedauern.
Je vous/te plains.	Sie tun/du tust mir leid.
J'aimerais pas être à ta place.	Ich möchte nicht an deiner Stelle sein.
C'est un sale coup!	Das ist ein harter Schlag!

Wie man jemandem Hoffnung macht:

Allons! Un peu d'optimisme!
Ça n'est pas si grave que ça.
Tout ira bien.
J'ai bon espoir[1] que tu réussiras[2].
Rassurez-vous![3] Ça va aller.
C'est rien. Ça va s'arranger.
Ne t'inquiète[4] pas. Ça s'arrangera.
On trouvera une solution.
Attends, on va voir s'il y a une solution[5].

Vokabelhilfen: [1] Hoffnung; [2] erfolgreich sein bei; [3] beruhigen Sie sich; [4] mach dir keine Sorgen; [5] Lösung.

Le mot juste en cas de panne

Deux Ecossais prennent le bateau pour passer leurs vacances sur le continent. Au cours d'une tempête, le bateau commence à faire eau de toutes parts. Voyant le danger, le plus jeune des deux Ecossais se met à pleurer et commence à prier. Alors l'autre, le prenant par les épaules, lui dit:
– **Ça va, ça va! Pourquoi pleurer comme ça?** Après tout, il n'est pas à nous, ce bateau.

***

Une dame téléphone à son docteur:
– Mon mari va très mal, docteur, très mal.
– **Allons, allons, madame! Un peu d'optimisme! Ne parlez pas ainsi! Dites plutôt** «Docteur, mon mari *se croit* malade.» L'optimisme, c'est la moitié de la guérison.

Quelques jours après, la même dame appelle le même docteur:
– Allô docteur? Venez vite! Maintenant mon mari *se croit* mort.

***

L'entraîneur du boxeur Jean le Toro est un optimiste invétéré: Après le troisième round, Jean est complètement épuisé, ses gestes sont désordonnés et il lance ses poings dans tous les sens sans jamais atteindre son adversaire. Entre deux rounds il demande à son entraîneur:
– Dis, tu crois que je peux le battre?
– **Bien sûr, j'ai bon espoir que tu réussiras.** Continue à agiter l'air comme ça et il finira par attraper une pneumonie.

***

Yves est venu rendre visite à son ami René, qui est malade. Il le trouve beaucoup mieux qu'il ne l'espérait.
– **Eh bien! Tout ira bien! J'ai bon espoir que tu guériras très vite.**
– Il n'y a rien de sûr encore! gémit René, le médecin m'a dit qu'il allait revenir demain.

Hilfe bei Pleiten, Pech und Pannen

4. Beruhigen und Aufmuntern

Freunde und Familienmitglieder darf man auffordern, auch im Unglücksfall eine positive Haltung einzunehmen.

Ça va aller.	Es wird schon werden.
Garde ton sang froid.	Behalte einen kühlen Kopf!
Bon courage! Du courage!	Nur Mut!
Il ne faut pas perdre courage.	Man darf den Mut nicht verlieren.
Il ne faut pas se résigner.	Nicht gleich aufgeben!
Ne te fais pas de mauvais sang/de bile.	Laß dir keine grauen Haare wachsen.

Bei kleinen Pannen des Alltags genügt oft schon die kurze verbale Beruhigungspille. Sprechen Sie mit sanfter Stimme! Ein kühler Ton verwandelt die folgenden Ausdrücke in Redemittel der Kritik.

sanft:	energischer:
Ça va! Ça va!	**Ne t'en fais pas!**[1]
Du calme!	**Ne t'énerve pas!**[2]
Calmez-vous!	**Ne te tracasse pas!**[3]
Rassure-toi!	**Ne t'affole pas!**
Ne t'inquiète pas.	**Il ne faut pas s'affoler.**[4]
Ce n'est pas une raison pour être déprimé(e).	**Pas d'affolement!**[5]
	Pas de panique!

Vokabelhilfen: [1] und [2] reg dich nicht auf; [3] quäle dich nicht; [4] sich aufregen; [5] Aufregung.

Le mot juste en cas de panne

René apprend à conduire à sa fiancée Annette. La voiture est dans une descente et tout d'un coup les freins lâchent.

– Mon Dieu! Au secours! crie Annette, je ne peux plus m'arrêter. Qu'est-ce qu'il faut faire?
– **Garde ton sang froid,** dit René, et essaie au moins de défoncer quelque chose qui ne soit pas trop cher.

***

Le pilote d'un Concorde appelle la tour de contrôle:

– **Ça n'a pas l'air d'aller.** L'ordinateur est en panne, un moteur est en flammes et le train d'atterrisssage est bloqué. Allô! La tour! Vite! Vos instructions!

Après une longue pause:

– **Du calme, les gars! Il ne faut pas perdre courage.** Et maintenant, répétez après moi: «Notre Père, qui êtes aux cieux ...»

***

Un coq se penche vers sa poule avec beaucoup de tendresse et lui dit:

– **Ecoute, ne te fais pas de bile!** Si tu n'arrives pas à pondre, nous adopterons un œuf.

***

René:	**Tu as l'air déprimé. Ça ne va pas?**
Yves:	J'ai fait un abominable cauchemar: J'étais sur une île déserte en compagnie de Raquel Welch et de Bo Derek.
René:	**Mais ce n'est pas une raison pour être déprimé.**
Yves:	Si, parce que, moi, j'étais Jane Fonda.

***

Une femme très coquette se rend au confessionnal:

– Mon Père, je suis coupable de vanité. Je me regarde sans arrêt dans les vitrines de magasin et je me trouve toujours très, très belle.
– **Rassurez-vous,** ma fille, **ce n'est pas grave.** C'est tout simplement une erreur!

Le mot juste en cas de panne

– Vous êtes certain d'être dentiste?
– Pourquoi?
– Ce n'est pas cette dent-là qu'il fallait m'arracher!
– **Du calme!** J'y arrive.

***

Le vieux Isaac Kohn agonise. Il tâtonne des mains et dit anxieusement:
– Sarah, tu es là?
– **Rassure-toi!** Je suis tout près de toi, dit sa femme.
– Et les garçons, dit-il encore plus inquiet, ils sont là aussi?
– **Calme-toi!** Ils sont là, tous les deux.
– Et Rachel, fait-il d'une voix angoissée, ma fille, est-elle là aussi?
– **Ne te tracasse pas!** Bien sûr qu'elle est là aussi.
Alors, dans un dernier effort, le vieillard se dresse dans son lit et hurle:
– Mais alors, nom de Dieu, si tout le monde est là, qui c'est qui garde le magasin?

***

Une femme de l'Armée du Salut aborde un Ecossais.
– Puis-je vous demander une obole?
– Hum ..., qu'est-ce que vous ferez de mon argent?
– C'est pour le Bon Dieu, monsieur.
– Ah oui? **Alors ne vous en faites pas,** j'ai 80 ans et je ne tarderai pas à être rappelé près du Seigneur. Je lui donnerai l'argent moi-même, de la main à la main.

***

Une mère dit à son fils de treize ans:
– Surtout, chéri, ne commence pas à fumer.
– **Ne te tracasse pas, maman,** répond-il, j'ai cessé de fumer depuis un an.

Le mot juste en cas de panne

Sortant du coma après un accident, René se dresse et gémit:
– Suis-je au paradis?
Alors, sa femme, assise près du lit:
– Non, non, **ne t'inquiète pas,** je suis là.

***

Une jeune femme s'est fait opérer de l'appendice, mais elle s'inquiète au sujet de sa cicatrice.
– Est-ce qu'on la verra beaucoup? demande-t-elle anxieusement.
– **Ne vous inquiétez pas, mademoiselle.** Cela dépendra uniquement de vous-même.

***

Un père a une grande nouvelle à annoncer à sa fille:

Père:	Tu sais qui sort d'ici? Bernard, ton ami. Il m'a demandé ta main et je la lui ai accordée.
Fille:	Oh! Mais papa, moi, je veux rester avec maman!
Père:	**Eh bien, ne t'en fais pas,** tu pourras l'emmener avec toi!

***

Deux fous se sont échappés de l'asile et longent la voie ferrée. Mais, comme ils sont un peu fatigués, ils marchent à quatre pattes entre les rails.
– Pouh! Qu'est-ce qu'il est long, cet escalier, gémit l'un.
– **T'en fais pas,** répond l'autre. Je vois l'ascenseur qui arrive.

***

Un type est transporté d'urgence à l'hôpital. Il vient de se faire piquer par une trentaine d'abeilles.
– **Ne vous affolez pas,** dit le docteur. Je vais juste vous faire une petite piqûre.

***

Dans un cocktail, Anne sermonne son fiancé:
– Sois raisonnable, voyons. C'est la septième fois que tu vas au buffet chercher un cognac. Que vont penser les gens?
– **Ne t'énerve pas!** A chaque coup, je dis que c'est pour toi.

5. Zuspruch für Hasenfüße

Ce n'est pas si grave que ça.	Das ist doch gar nicht so schlimm.
Un peu de confiance!	Ein bißchen Selbstvertrauen!
N'ayez/aie pas peur.	Keine Angst!
Tu n'as rien à craindre.	Du hast nichts zu befürchten.
Tu n'as pas à avoir peur.	Du brauchst keine Angst zu haben.
Ne te fais pas de soucis.	Mach dir keine Sorgen.

6. Energischer Zuspruch für Dickfellige

Mit energischen Formulierungen holt man den Freund bei unbegründeter Panik auf den Boden der Realität zurück.

Je ne vois pas ce qui t'inquiète.
C'est un peu inquiétant, mais il ne faut quand même pas exagérer[1].
Mais voyons, il y a pire que ça[2].
Il y a des situations plus graves.
Tu exagères!
Je ne comprends pas pourquoi tu t'énerves comme ça.
Tu ne veux/peux pas faire un effort[3]?
Allez, fais un petit effort.

Vokabelhilfen: [1] übertreiben; [2] es gibt Schlimmeres; [3] Anstrengung.

Le mot juste en cas de panne

La petite Anne est désespérée. Elle a les oreillons. Sa maman cherche à la consoler:

– **Tu n'as pas à avoir peur! Ce n'est pas si grave que ça.** Tes deux frères les ont eus également.
– Oui! mais pas pendant les vacances.

***

Une petite fille se confesse pour la première fois. Voyant qu'elle est très timide le curé dit:

– **Tu n'as rien à craindre. Un peu de confiance!** Tu n'as pas peur de ton curé, j'espère?
– Non, mon père … Il y a un grillage entre nous!

***

Dans l'avion, le jeune parachutiste va sauter. Le lieutenant le retient de justesse.

– Vous êtes fou? Vous allez sauter sans parachute!
– C'est un saut d'entraînement, non? On n'a donc rien à craindre.

***

– Qu 'est-ce que j'apprends, se met à hurler le père d'une adolescente, il paraît que tu poses nue pour un peintre!
– **Je ne comprends pas pourquoi tu t'énerves comme ça,** répond la fille. On n'est pas en tête-à-tête. Il y a toujours un tas de copains dans l'atelier qui viennent pour le voir travailler.

***

Un boxeur prépare le match du lendemain avec son entraîneur.

– Oh, dis donc, qu'est-ce qu'il va prendre, ce Jean le Toro. Demain, il va voir ce que c'est un boxeur.
– **Mais oui, mais oui, calme-toi!** insiste son entraîneur.
– Oh là là, ce pauvre Jean, ce minable boxeur, il va se retrouver au tapis avant avoir pu dire ‹ouf›!
– **Tu vas te calmer?** insiste l'entraîneur énervé. Et pour commencer, n'oublie pas que Jean le Toro, c'est toi.

Le mot juste en cas de panne

Test

Übersetzen Sie die deutschen Ausdrücke in Klammern.

1.

Mère: Attention, chéri, le bébé est en train de manger le journal.

Père: (Reg dich nicht auf), c'est celui d'hier.

2.

Le jeune médecin de campagne, peu sûr de lui, téléphone à l'un de ses patients pour prendre des nouvelles:

– Bonjour, madame Dupont, votre mari suit-il bien ma prescription? Un verre de calvados par jour?
– Pour ça, docteur, (kein Problem). Il a même six mois d'avance.

3.

McNab va consulter son chirurgien à cause de douleurs d'estomac.

– Ça alors, s'écrie le chirugien en regardant la radioscopie. Vous avez avalé une bouteille de whisky. Comment allons-nous pouvoir la faire sortir de là?
– (Beunruhigen Sie sich nicht) pour cela, répond l'Ecossais. Tout ce que je vous demande, c'est de la déboucher.

4.

Après une semaine passée au lit, René a des idées noires. Alors que son médecin vient le visiter, il lui confie:

– Docteur, ça ne va pas du tout. Il y a des moments où j'ai envie de me tuer.
– (Immer mit der Ruhe), fait le médecin, et laissez-moi faire.

5.

René qui ne se sent pas très bien téléphone pour être reçu par son médecin.

– Le docteur Pascal est en vacances, monsieur, répond l'employée, mais je peux vous donner un rendez-vous dans deux mois.
– Mais, balbutie René, je serai peut-être mort d'ici-là.
– (Das ist nicht schlimm), répond l'employée. Dans ce cas, vous n'auriez qu'à annuler votre rendez-vous.

Meinungen an den Mann bringen

Savoir dire son opinion

Begegnungen mit Frankreich folgen meist diesem Schema: Bekanntschaft schließen, sich verabreden und eingeladen werden. Die Gespräche drehen sich zuerst um Hobbies, Familie, Gesundheit und Geschäfte. Aber was dann, wenn diese Themen erschöpft sind? Dann müssen wir uns auf eine höhere, schwierigere Gesprächsebene begeben, der Ebene der Weltanschauungen und Überzeugungen. Mit den folgenden Redemitteln geben Sie Ihrer Meinung das rechte Profil.

Meinungen an den Mann bringen

1. Seine Meinung sagen

Am einfachsten leiten Sie Ihre Meinung mit kurzen Ausdrücken des Sagens und Denkens ein:

Je crois que ...	Ich glaube, (daß) ...
Je pense que ...	Ich denke, (daß) ...
Je trouve que ...	Ich finde, (daß) ...
Il me semble que ...	Mir scheint, (daß) ...
J'ai l'impression que ...	Ich habe den Eindruck, (daß) ...

Wollen Sie deutlich machen, daß Ihre Meinung Ergebnis eigenen Nachdenkens ist, tun Sie das mit diesen Redemitteln:

A mon avis/Selon moi ...	Meiner Meinung nach ...
Quant à moi/D'après moi ...	Wenn Sie mich fragen, ...
En ce qui me concerne, je ...	Was mich betrifft, so ...
Je suis d'avis que ...	Ich bin der Ansicht, daß ...
Mon opinion, c'est que ...	Meine Meinung ist, daß ...
Ce qui compte à mes yeux, c'est ...	Was in meinen Augen wichtig ist, ...

Und so verleihen Sie Ihrer ganz subjektiven Meinung Ausdruck:

Personnellement, je pense que...	Ich persönlich glaube, ...
Pour ma part, je trouve que ...	Ich für meinen Teil finde ...
Pour moi, c'est ...	Für mich ist das ...
Entre nous, je crois ...	Unter uns gesagt, ich glaube ...

Savoir dire son opinion

Arthur, as-tu déjà lu? dit une femme à son mari. La police recherche un homme à moitié chauve d'une cinquantaine d'années qui aborde les femmes dans le parc. Franchement, c'est intéressant. **Je crois que tu pourrais** poser ta canditature.

***

La petite Annette, qui par mégarde pénètre dans la salle de bains au moment où son père sort de la baignoire, court vers sa mère et lui dit:
– Maman! **je crois bien que** papa est un garçon.

***

On dit que Fouché avait un grand mépris pour les hommes. A cette misanthropie, Talleyrand donnait l'explication suivante:
– **Je trouve cela normal:** cet homme s'est beaucoup étudié.

***

Dubois va chez son avocat et lui décrit son cas.
– Alors, lui demande Dubois, qu'est-ce que vous me conseillez?
– **Si vous voulez savoir, ce que je pense personnellement ...**
– Surtout pas, ce que je veux, c'est un conseil juridique!

***

Les parents sont en train d'échanger des injures et de se lancer toute la batterie de cuisine à la tête. Alors, le fils fait remarquer à sa sœur:
– **A mon avis,** toute cette violence, c'est à cause des films qu'ils regardent à la télévision.

***

Contrôle de police. Le policier regarde la voiture et dit à la conductrice:
– **Entre nous,** votre châssis n'est pas bien joli.
– **Entre nous,** fait la dame vexée, vous n'avez certainement pas non plus gagné de prix de beauté.

Meinungen an den Mann bringen

2. Eine Meinung erfragen

Was tun, wenn der Gesprächsstoff ausgeht? Sie retten den Abend, wenn Sie die Anwesenden nach ihrer Meinung zu einem unverfänglichen Thema fragen.

Croyez-vous que ...?	Glauben Sie, daß ...?
Que pensez-vous de ...?	Was halten Sie von ...?
Comment trouvez-vous ...?	Wie finden Sie ...?

Den «Fachleuten» der Tafelrunde schmeicheln Sie mit anspruchsvolleren Fragen:

Selon vous, est-ce vrai que ...?	Ist es Ihrer Meinung nach richtig, daß ...?
Comment expliquez-vous ...?	Wie erklären Sie sich ...?
Pourriez-vous m'expliquer ...?	Könnten Sie mir erklären ...?
Juste une question au sujet de/à propos de/concernant ...	Ich hätte da noch eine Frage zu/über/was ... anbelangt.

***

Une brave paysanne va trouver le curé du village et lui fait part de son inquiétude:

– Mon petit Jean est parti pour Paris pour faire ses études. Dites-moi, monsieur le curé, **croyez-vous qu'il** pourra mener une vie chrétienne dans cette ville de perdition?
– Vous lui donnez combien d'argent par mois? demande le curé.
– Environ sept-cents francs par mois.
– **Franchement,** madame, qu'est-ce qu'il pourrait faire d'autre que de mener une vie bien chrétienne.

Savoir dire son opinion

– Alors, docteur, **qu'est-ce que vous en pensez**?
– Eh bien, votre cas est grave. Je ne vois pas d'autre solution que de vous opérer.
– **Et vous croyez que** je vais m'en sortir?
– En toute franchise, je ne vous le conseille pas.

***

Leopold Stokowski, le compositeur et chef d'orchestre polonais visite une petite ville du Middle-West des Etats-Unis où l'on est très fier de l'orchestre symphonique local.
– **Que pensez-vous de** notre premier violon? lui demande le maire.
– Il me rappelle Edison.
– Edison? Mais Edison n'était pas violoniste!
– Justement.

***

Un célèbre ténor de l'Opéra de Paris s'entretient avec un critique et ne cesse de raconter ses triomphes de Berlin, Londres et New York. Après une heure, il se tourne vers son interlocuteur et dit:
– Ah! Excusez-moi, je ne fais que de parler de moi. Parlons de vous. **Comment m'avez-vous trouvé dans Othello?**

***

Dans une grande réception, un des invités demande à un célèbre professeur:
– **Selon vous, est-ce vrai** que l'abus d'alcool rend sourd?
– Vous dites? fait le médecin en tendant l'oreille.

***

Au XVIIIe siècle une oie demandait à une autre oie:
– **Pourrais-tu m'expliquer pourquoi** les hommes font-ils de nous le symbole de la stupidité?
– C'est sans doute, répondit l'autre, à cause des bêtises qu'ils écrivent avec nos plumes.

Meinungen an den Mann bringen

Mit der **Bitte um Erläuterung und Präzisierung eines Arguments** tragen Sie zum Erfolg einer Diskussion bei. Zugleich bringen Sie Ihren Gesprächspartner in Zugzwang und gewinnen Zeit, Ihren Meinungsbeitrag zu formulieren (siehe auch Kap. 10, S. 130ff.).

Que voulez-vous dire par …?	Was wollen Sie mit … sagen?
Comment cela?	Wie das? Wieso?
Qu'entendez-vous exactement par cela?	Was verstehen Sie genau darunter?
Qu'est-ce que cela signifie?	Was bedeutet/heißt das?
Je ne sais pas si je vous ai bien compris.	Ich weiß nicht, ob ich Sie richtig verstanden habe.
Pourriez-vous préciser votre pensée?	Könnten Sie das etwas präzisieren?
Pourriez-vous me donner d'autres détails?	Könnten Sie mir weitere Einzelheiten nennen?

3. Die persönliche Überzeugung zum Ausdruck bringen:

Je suis convaincu(e) que …	Ich bin überzeugt, daß …
Je suis persuadé(e) que …	Ich bin überzeugt, daß …
Je suis certain(e) que …	Ich bin sicher, daß …
Je suis sûr(e) que …	Ich bin sicher, daß …
Il est certain/sûr que …	Es ist sicher, daß …
C'est sûr/certain que …	Es ist sicher, daß …

Savoir dire son opinion

Annette à son copain René:
– **Qu'est-ce que tu voulais dire par** «Tu es tout à fait le genre de fille à emmener au cinéma, lorsqu'on a envie de voir le film»?

***

La nouvelle secrétaire est fort jolie, il est vrai, mais elle commet une bêtise après l'autre. Un jour, elle doit servir le champagne aux directeurs pour arroser la signature d'un contrat important. Par maladresse elle verse du champagne sur un document très important.
– J'en ai marre, hurle son chef. Vous êtes une ..., il hésite, ... vous êtes un grand oiseau blanc.
– Je ne comprends pas, dit tout bas son compagnon, *grand oiseau blanc?* **Qu'est-ce que cela signifie?**
– Eh bien, dit le directeur, si je l'avais traitée d'oie, j'aurais eu des ennuis avec le syndicat.

***

Dans un dîner très parisien une dame questionne sans arrêt un médecin. Au bout d'une heure, exaspéré, le médecin se tourne vers son voisin de gauche, un avocat, et lui demande:
– Dites-moi, cher maître, cette dame me consulte depuis plus d'une heure, puis-je lui faire payer une consultation?
– **J'en suis persuadé,** docteur, et pour cette consultation quant à vous, ce sera mille francs.

***

Le juge demande à Henri:
– Accusé, est-ce que le cambriolage a eu lieu comme l'a décrit monsieur l'avocat général?
– Non, **mais personnellement, je suis sûr que** sa méthode n'est pas mal non plus!

Meinungen an den Mann bringen

4. Seine Meinung korrigieren

Lesen Sie in den Gesichtern Ihrer Zuhörer, daß man Ihrem Gedankenflug nicht folgen konnte, leiten Sie so den Rückzug ein:

Je ne sais pas si je me suis fait bien comprendre.	Ich weiß nicht, ob ich mich richtig verständlich machen konnte.
Ce que je voulais dire, exprimer/c'est que ...	Was ich zum Ausdruck bringen wollte ist ...
Pour être plus précis, ...	Um genauer zu sein, ...
Plus précisément/exactement ...	Genauer gesagt, ...

5. Seine Meinung suggerieren

Vorsicht! Diese Redemittel nehmen einem das Denken ab:

Comme vous savez ...	Wie Sie ja wissen, ...
Ne pensez-vous pas que ...?	Denken Sie nicht auch, daß ...
Ne trouvez-vous pas que ...?	Finden Sie nicht auch, daß ...
Vous êtes sans doute de mon avis que ...	Sie sind doch sicher meiner Meinung, daß ...

Nur Demagogen bemühen Autoritäten und versuchen, die eigene subjektive Meinung als von allen akzeptierte Weisheit zu verkaufen:

D'après les statistiques ...	Nach den Statistiken ...
Tout le monde sait que ...	Jedermann weiß, daß ...
Personne ne peut nier que ...	Niemand kann leugnen, daß ...
Déjà Descartes a dit que ...	Schon Descartes hat gesagt, ...
Il est évident/indubitable que ...	Es liegt auf der Hand/es ist unzweifelhaft, daß ...

Savoir dire son opinion

René est accusé d'avoir insulté sa voisine Madame Renard. Il a bien préparé sa défense:

– Monsieur le juge, quand j'ai nommé Madame Renard une oie, **je voulais seulement exprimer que** je l'aime à un tel point que je pourrais la manger.

***

Margaret Thatcher visite le Musée des Arts Modernes à Paris.

– Regardez, cher ami, dit-elle à Mitterrand, **ne trouvez-vous pas ce tableau horrible?**

Mitterrand, gêné:

– Chère amie, ce n'est pas un tableau, c'est un miroir.

***

Lady Astor: **Vous êtes sans doute de mon avis que** la mode est un peu ridicule?

G. B. Shaw: La mode, non, mais ceux qui la suivent, oui.

***

Deux vieux boivent tranquillement leur petit rouge.

– **Ne trouvez-vous pas aussi,** dit l'un, **que** la jeunesse d'aujourd'hui est bien dépravée?

– Hélas! dit l'autre, songeur. Etre encore une fois jeune à notre époque, ça serait formidable.

***

Patient: J'ai peur d'être perdu, docteur. S'il vous plaît, dites-moi la vérité.

Docteur: Votre cas est inquiétant, c'est vrai. **Mais d'après les statistiques vous guérirez. Dix sur cent des malades dans votre cas sont sauvés.**

Patient: Mais c'est très alarmant, vos statistiques!

Docteur: Pas du tout, monsieur. Vous êtes le dixième que je soigne et les neufs premiers sont tous morts.

Savoir dire son opinion

Test

Übersetzen Sie die Ausdrücke in Klammern.

1.

Deux mamans kangourous se rencontrent:
- (Was denken Sie), madame? Moi, j'ai l'impression que le temps va changer.
- Oh, oui! c'est ce qui m'inquiète, car je n'aime pas quand les enfants sont obligés de jouer à l'intérieur.

2.

Deux clochards se déchaussent.
- Tiens, fait l'un. Tu as les pieds plus sales que moi.
- **(Ich finde das normal).** Je suis le plus vieux.

3.

- Garçon! J'ai bien commandé un potage pour une personne, n'est-ce pas? Alors, **(könnten Sie mir erklären, warum)** il y a deux cheveux dedans?

4.

Devant la tour Eiffel, un touriste américain dit au guide de son groupe: «Vous avez dit que l'inauguration a eu lieu en 1889. **(Sie hätten schon präzisieren können)** si c'était avant ou après Jésus-Christ!»

5.

Un touriste allemand s'indigne en voyant des douzaines de Marseillais qui sirotent leur pastis à la terrasse d'un café.
- **(Meiner Meinung nach)** la cause du chaos dans vos rues et sur vos routes, c'est le pastis!
- Peut-être, admet un des buveurs. Mais vous, en Allemagne, qu'est-ce que vous avez comme excuse?

6.

Un journaliste demandait à Sacha Guitry: – **Quel est (Ihrer Meinung nach)** le plus grand acteur vivant? – Oh, vous savez, aurait-il répondu modestement, nous sommes plusieurs.

Einer Meinung sein

Je suis d'accord avec vous

«Einverstanden» und *«Abgemacht»* gehören zu den schönsten Worten, mit denen man Gespräche und Verhandlungen abschließen kann. Ein Händeschütteln und ein Trinkspruch (passende Trinksprüche siehe Seite 50) auf den Vertrag ist oft der Beginn einer fruchtbaren Partnerschaft.

Einer Meinung sein

1. Zustimmung einholen

Warten Sie nicht, bis man Ihnen applaudiert. Ergreifen Sie die Initiative, laden Sie mit kurzen Fragen zu einem «Ja» ein.

Einverständnis für Vorschläge einholen:

Une heure, **ça vous convient?**	Paßt Ihnen ein Uhr?
Une chambre avec douche, **ça vous va?**	Ein Zimmer mit Dusche, ist das recht so?
Dix francs, **c'est entendu?**	Sind Sie mit 10 F einverstanden?
C'est cher, **ne penses-tu pas?**	Das ist teuer, oder etwa nicht?
Etes-vous d'accord pour ...?	Sind Sie einverstanden, daß ...?

Ihr «Ja» zu Vorschlägen kann folgende Formen annehmen:

D'accord.	Einverstanden.
C'est entendu.	Abgemacht. Einverstanden.
Bonne idée.	Gute Idee.
Je veux bien.	Von mir aus gerne.
Je ne suis pas contre.	Ich habe nichts dagegen.
Je suis pour.	Ich bin dafür.

Je suis d'accord avec vous

Un touriste qui depuis des heures est à la recherche d'une chambre arrive finalement devant un petit hôtel délabré.

– **Vous êtes d'accord pour** faire votre lit vous-même? demande le patron.
– **Bien sûr.**
– Bon, alors, tenez: voici des planches, un marteau et des clous.

***

Les petits diables de l'enfer décident de démontrer leur supériorité aux petits anges du ciel:

– **Etes-vous d'accord pour faire** une partie de football? leur proposent les diables. Dimanche prochain, **ça vous convient?**
– **Nous, on veut bien,** disent les anges. Mais vous savez bien que tous les bons joueurs sont chez nous.
– Possible, disent les diables, mais où sont les arbitres?

***

Un clochard qui souffre de troubles d'estomac va voir un médecin:

– Après chaque repas, lui conseille le docteur, vous prendrez une de ces pilules.
– **D'accord,** répond le clochard, **mais** qui va me donner les repas?

***

Anne:	Tu m'as encore trompée! J'en ai assez! Si ça continue comme ça je vais retourner chez ma mère!
Didier:	Ah, bon! **C'est entendu!** Si tu retournes chez ta mère, moi, je vais retourner chez ma femme.

***

Au volant de sa vieille bagnole pétaradante, Pierre brûle le feu rouge. Un policier l'arrête et hurle:

– Stop! 500 francs!
– **C'est entendu!** répond Pierre, la voiture est à vous!

***

Lui:	La nuit dernière, j'ai rêvé que tu m'avais prêté 1000 F.
Elle:	Ne t'en fais pas, **c'est d'accord,** tu peux les garder.

2. Einer Meinung sein

So werben Sie um Zustimmung zu Ihren Meinungen:

Est-ce que vous êtes d'accord avec moi que ...?	Sind Sie mit mir einer Meinung, daß ...?
Reconnais-tu que tu as tort?	Siehst du ein, daß du Unrecht hast?
J'ai donc raison, **n'est-ce pas?**	Ich habe doch recht, oder?
Ne croyez-vous pas aussi que ...?	Glauben Sie nicht auch, daß ...?
Arrêtons de nous quereller, après tout nous sommes d'accord.	Hören wir auf, uns zu streiten, im Grunde sind wir doch einer Meinung.

Die Redemittel der Harmonie und des Einklangs machen Ihnen Freunde und Vorgesetzte gewogen:

Vous avez entièrement raison.	Sie haben vollkommen recht.
Je suis tout à fait d'accord.	Ich bin völlig einverstanden.
Je suis entièrement de votre avis.	Ich bin vollkommen Ihrer Meinung.
C'est ce que je pense aussi.	Das denke ich auch.
C'est exactement ce que je pense.	Ich denke genau dasselbe.
J'allais dire exactement la même chose.	Ich wollte genau das gleiche sagen.
C'est justement ce que je voulais dire.	Das ist genau das, was ich auch sagen wollte.
Je te rejoins entièrement.	Ich gehe mit dir völlig einig.
Mais c'est l'évidence même!	Aber das liegt ja auf der Hand.
Je ne te contredis pas.	Ich widerspreche dir da nicht.

Je suis d'accord avec vous

Un juge interroge l'accusé:
– Avez-vous un alibi pour la nuit du 23 au 24 avril?
– Bien sûr, répond l'accusé, mais laissez-moi le temps de réfléchir.
– **C'est exactement ce que je voulais vous proposer:** Six ans!

***

Un pasteur et un curé sont en train de se disputer sur des questions de religion. Finalement le curé dit au pasteur:
– **Arrêtons de nous quereller. Après tout, nous sommes d'accord.** Nous servons tous les deux notre Seigneur, vous à votre manière, et moi à la Sienne.

***

Juge: Accusé, vous avez dit à votre voisin qu'il ressemblait à un âne. **Reconnaissez-vous que** c'est une grande vexation?
Accusé: **Je suis tout à fait de votre avis,** monsieur le juge. Dès que je rencontrerai un âne, je lui présenterai mes excuses.

***

René: Ma fiancée est aussi bien de face que de fesses.
Yves: Hm … oui, **je suis tout à fait de ton avis.**

***

Madame de Staël qui n'était pas une des admiratrices de Napoléon Bonaparte, lui demande un jour:
– Quel est votre avis, général, sur ce qui vient de se passer sous la Révolution?
– Madame, à mon avis, les femmes ne devraient pas parler politique.
– **Vous avez entièrement raison!** Mais dans un pays où on leur coupe la tête, je trouve naturel qu'elles se demandent pourquoi!

3. Ausrufe spontaner Zustimmung

Das Wohlwollen einflußreicher Persönlichkeiten ist Ihnen sicher, wenn Sie deren Rede mit folgenden spontanen Ausrufen begleiten:

Bravo! Absolument!	Bravo! Unbedingt!
Bien sûr.	Bestimmt. Gewiß. Sicherlich.
Evidemment.	Offensichtlich. Ganz klar.
C'est évident.	Das liegt auf der Hand.
Ça va de soi.	Das versteht sich von selbst.
Rien de plus vrai.	Vollkommen richtig.
(Il n'y a) aucun doute.	Kein Zweifel.

4. Einer Argumentation bedingt zustimmen

Dieser Abschnitt ist für alle, die weder «Ja-Sager» noch Rechthaber sein wollen. Mit den folgenden Redemitteln geben Sie dem anderen Recht, behalten sich jedoch ein **«aber/mais»** vor (siehe die «Ja-aber-Taktik», S. 130).

Vous avez peut-être raison.	Sie haben vielleicht recht.
Tu as peut-être raison mais ...	Du magst schon recht haben, aber ...
Je dois admettre/avouer que ...	Ich muß zugeben, daß ...
D'accord avec vous sur ce point, mais ...	In diesem Punkt bin ich mit Ihnen einer Meinung, aber ...

Je suis d'accord avec vous

Timidement, René frappe à la porte du bureau de son chef:

René: Bonjour, monsieur. Ma femme m'a conseillé de vous demander une augmentation de salaire.

Chef: **Bravo!** Vous avez bien fait de suivre le conseil de votre femme. Je vais demander à la mienne si je peux vous en accorder une.

***

A Pékin, Lin Peng doit subir un examen devant les fonctionnaires de son parti pour prouver qu'il est bon communiste:

– Lin Peng, si tu avais six maisons, tu m'en donnerais une?
– **Absolument,** camarade.
– Et si tu avais trois bicyclettes, tu m'en donnerais une?
– **Ça va de soi,** camarade.
– Et si tu avais deux chemises, tu m'en donnerais une?
– **Alors là, je ne sais pas trop.**
– Comment? Et pourquoi pas?
– Parce que j'ai deux chemises.

***

L'amour à l'anglaise:

Lui: Je suis le premier homme avec qui tu as fait l'amour, n'est-ce pas?

Elle: Ah, oui, **tu peux avoir raison. Je dois admettre que ton** visage me paraît familier.

***

Un Ecossais se rend au bureau d'état civil de sa ville.

– Je voudrais changer de nom. Ça coûte cher?
– Non, si vous avez une raison. Quel est votre nom de famille?
– McGregor, et je voudrais le changer pour McNab.
– McNab?! Mais votre nom actuel est beaucoup plus joli, je trouve.
– **Vous avez peut-être raison,** mais j'ai trouvé cinq cents cartes de visite au nom de McNab.

Je suis d'accord avec vous

Test

Übersetzen Sie die Ausdrücke in Klammern.

1.

René: Le premier amour est vraiment le plus beau, n'est-ce pas Anne?

Anne: Bien sûr, **(du hast vollkommen recht),** mais avec toi, ce n'est pas mal non plus.

2.

Un client appelle le patron:

– C'est un scandale. Je vais porter plainte! Regardez, il y a une mouche qui s'est noyée dans mon verre!
– **(Sie haben vollkommen recht, mein Herr)** mais nous n'avons pas les moyens d'équiper toutes les mouches de gilets de sauvetage!

3.

C'est la première fois que René amène sa femme dans son bar préféré. Il commande du whisky pour sa femme et lui-même. Elle avale une gorgée et la recrache:

– Pouah! Mais c'est dégoûtant ça!
– **(Siehst du ein, daß du Unrecht hattest),** dit René en triomphant, toi qui crois toujours que je bois pour mon plaisir.

4.

Olivier, très sportif, a sauvé de la noyade la jolie baigneuse solitaire. Arrivée sur la terre ferme, elle lui dit:

– Vous êtes mon prince charmant, vous m'avez sauvé la vie. Comme dans les contes, vous pouvez exprimer trois souhaits.
– **(Einverstanden),** se réjouit Olivier. Je n'ai qu'un seul souhait, mais répété trois fois.

5.

René: Et si je t'embrasse maintenant, tu vas appeler ton père?

Anne: **(Von mir aus gerne).** Mais pourquoi? Tu veux aussi l'embrasser?

Anderer Meinung sein

Exprimer son désaccord

«Mit Hut in der Hand» und den Redemitteln des Bittens kommt man durch das ganze Land. Sicher gilt dieses Sprichwort uneingeschränkt nur für Kurzaufenthalte. Wer seine Überzeugungen nicht ganz verleugnen will, braucht von Zeit zu Zeit die Redemittel des Widerspruchs. In diesem Kapitel geben wir Ihnen die nötigen Strategien und die sprachliche Hilfestellung dafür.

Anderer Meinung sein

1. Vorbehalt signalisieren

Mit erstaunten Ausrufen oder ungläubigen Fragen deuten Sie Widerspruch an und verunsichern Ihr Gegenüber:

Pas vrai!	Was Sie nicht sagen!
Vraiment?	Wirklich? Tatsächlich?
Vous croyez vraiment?	Glauben Sie wirklich?
Vous pensez?	Meinen Sie?
Vous trouvez?	Finden Sie?
Vous êtes sûr?	Sind Sie sicher?
Incroyable!	Unglaublich!
Moi, je ne sais pas.	Ich weiß nicht recht.
Ça m'étonnerait.	Das würde mich wundern.

2. Um Erläuterung oder Präzisierung bitten

Auch mit der Bitte um Präzisierung signalisieren Sie Meinungsverschiedenheit. Sie gewinnen Zeit und können Ihren Widerspruch in Ruhe vorbereiten.

Comment cela?	Wie das? Wieso?
Alors, comment expliquer ...?	Wie erklärt sich ...?
Pourriez-vous m'expliquer ...?	Könnten Sie mir erklären ...?
Comment se fait-il que ...?	Wie kommt es, daß ...?
Que voulez-vous dire par ...?	Was wollen Sie mit ... sagen?
Qu'entendez-vous par ...?	Was verstehen Sie unter ...?
Qu'est-ce que cela signifie?	Was soll das heißen?
Qu'est-ce que cela veut dire?	Was soll das heißen/bedeuten?
Pourriez-vous préciser cela?	Könnten Sie das etwas genauer ausdrücken?
Je ne comprends pas pourquoi ...	Ich verstehe nicht, warum ...

Exprimer son désaccord

Mademoiselle Chevalier, une vieille fille, appelle le gérant de l'hôtel.

– C'est une honte! Dans la chambre en face, il y a un homme qui fait de la gymnastique nu, mais nu comme un ver!

Le gérant regarde par la fenêtre, puis il dit:

– **Moi, je ne sais pas.** Il est vrai qu'il y a un homme, mais on ne peut voir que sa tête.
– **Vraiment?** répond la dame très vexée. Eh bien, vous n'avez qu'à monter sur cette chaise.

***

Malentendu entre un curé et le petit Jean:

Curé: Dis donc, tu ne salues plus ton curé dans la rue?

Jean: Mais, monsieur le curé, c'est vous qui nous l'avez défendu.

Curé: Moi, **je t'aurais défendu** de me saluer? **Cela m'étonnerait.**

Jean: Mais oui, vous avez dit dimanche dernier à la messe: «Hors de l'église, point de salut!»

***

Deux ingénieurs belges ont des problèmes à mesurer le mât devant la mairie. Un touriste français leur conseille de mettre le mât par terre pour pouvoir le mesurer plus facilement.

– **Comment cela!** répond l'un d'eux. Il nous faut en mesurer la hauteur et non pas la longueur!

***

– Je vous propose de tourner la vie de Mitterrand, dit le scénariste au producteur.
– Excellente idée, réplique le producteur, et on va engager Sean Connery pour jouer le rôle de Mitterrand.
– Connery? **Je ne comprends pas pourquoi** on ne prend pas le président lui-même?
– Lui? **Pas question!** Il est trop petit.

3. Taktiken des Widerspruchs

Die Ja-aber-Taktik:

Geben Sie dem Partner zuerst nur **«im Grunde, im Prinzip, vielleicht oder teilweise»** recht. Er wird Ihnen um so bereitwilliger das Wort überlassen und Ihrem nachgeschobenen **«aber»** zuhören:

En principe oui, …	Im Prinzip ja …
C'est vrai en général …	Das ist im allgemeinen richtig …
Vous avez peut-être raison …	Sie haben vielleicht recht …
Il est exact que …	Es ist schon richtig, daß …
Il est vrai que … mais …	Zwar … aber …
J'admets volontiers que …	Ich gebe gerne zu, daß …
Je dois admettre/avouer que …	Ich muß zugeben, daß …
Je suis (tout à fait) d'accord avec vous sur ce point.	In diesem Punkt bin ich mit Ihnen (völlig) einer Meinung.

Das «aber», mit dem Sie Ihre vorläufige Zustimmung relativieren und zum «Gegenangriff» übergehen, kann folgende Formen annehmen:

Cependant …	Jedoch/Indes …
Pourtant …	Dennoch …
Mais tout de même …	Aber trotzdem …
Mais quand même …	Aber trotzdem …
Oui, mais admettez que …	Geben Sie mir zu, daß …
Il faut tout de même noter …	Man muß dennoch feststellen, …
D'accord mais à condition que …	Einverstanden, aber unter der Bedingung, daß …

Exprimer son désaccord

Un missionnaire réussit à convertir un Noir au christianisme. Il le trempe dans l'eau pour le baptiser, en lui disant:

– A partir de maintenant, tu ne t'appelles plus Owamba, mais Jean, et les vendredis, tu ne mangeras plus de viande.

Le vendredi suivant, le missionnaire passe devant la hutte de Jean et l'aperçoit en train de dévorer un gigot de mouton.

– Ecoute, Jean, dit-il, tu es maintenant catholique et un bon catholique ne mange pas de viande le vendredi!
– **C'est vrai en général,** mon père, répond le Noir en souriant. **Mais** j'ai fait comme toi, j'ai trempé le gigot dans l'eau et lui ai dit: «A partir de maintenant, tu ne t'appelles plus gigot, mais salade!»

***

Une star vieillissante veut entrer dans un club de naturistes très snob. On l'invite à se présenter à un jury dont le président, après une longue délibération, lui fait part de la décision:

– **C'est d'accord!** lui annonce-t-il, vous êtes admise … **à condition que** vous portiez une feuille de vigne sur la figure.

***

Un Anglais ayant besoin d'un pantalon en vitesse se rend chez son tailleur qui lui prend ses mesures. «Et voilà qui est fait, revenez dans quatre jours», dit le tailleur. Quatre jours plus tard: «Sorry, s'excuse le tailleur, revenez dans huit jours, j'ai raté le fond.» Et cette scène se répète encore plusieurs fois.

Finalement, l'Anglais perd patience:

«Non, vraiment, c'est indécent, à la fin! En six jours, vous entendez, en six jours, Dieu fit le monde, le MONDE!»

«**En principe vous avez raison et je dois admettre que** vous avez de quoi vous plaindre, répond le tailleur. **Mais** Milord, regardez le monde … et – il fait un geste amoureux et poursuit avec orgueil – regardez mon pantalon!»

nach S. Beckett, Fin de partie

Anderer Meinung sein

Verzögerungstaktiken:

Wer zuletzt lacht, lacht am besten. Darum nicht sofort widersprechen, sondern das beste Argument für den Schluß aufsparen.

Argumente relativieren und in Frage stellen:

Ça dépend.	Das kommt ganz darauf an.
Il ne faut pas perdre de vue que …	Man darf nicht übersehen, daß …
Mais il faut également considérer que …	Aber man muß auch berücksichtigen, daß …
C'est votre point de vue, mais …	Das ist Ihr Standpunkt, jedoch …
Je ne sais pas si vous avez raison.	Ich weiß nicht, ob Sie recht haben.
Je me demande si …	Ich frage mich, ob …
Je ne comprends pas pourquoi …	Ich verstehe nicht, warum …

Vorsichtig widersprechen:

Oui, peut-être, je ne sais pas, moi.	Ja, vielleicht, aber ich weiß nicht so recht.
Alors-là, moi, je ne sais pas trop.	Also da bin ich mir nicht so ganz sicher.
Vous avez peut-être raison, mais …	Sie mögen recht haben, aber …
Je ne sais pas si vous avez raison.	Also ich weiß nicht, ob Sie recht haben.
N'allez-vous pas trop loin?	Gehen Sie da nicht zu weit?
Je voudrais vous faire remarquer que …	Ich darf Sie darauf aufmerksam machen, daß …

Exprimer son désaccord

Un membre de l'armée du salut entre dans un bar et s'adresse aux clients:
- Méfiez-vous! L'alcool tue lentement!
- **Vous avez peut-être raison,** dit l'un des buveurs, **mais** je ne suis pas pressé.

***

Une maman surveille ses gamins en train de jouer.
- Jean, je t'interdis de te rouler dans la boue de cette façon!
- Mais, maman, je joue au soldat!
- Et alors? **Même** les soldats obéissent à leur maman.
- **Ça dépend,** maman, moi c'est un soldat-orphelin.

***

Au bon milieu de la campagne électorale, un député conservateur demande à un jeune député socialiste:
- Alors, qu'est-ce que vous avez encore promis à vos adhérents?
- Eh bien, on leur a promis que les riches donneraient aux pauvres.
- **N'allez-vous pas trop loin? Je me demande si** les électeurs suivront votre conseil.
- **Détrompez-vous!** J'ai déjà à moitié gagné. Les pauvres sont d'accord.

***

Permettez que je vous raconte ma première déception en tant que banquier. J'ai essayé d'expliquer à un millionnaire octogénaire comment j'allais doubler ses investissements en cinq ans.
- **Je voudrais vous faire remarquer,** a dit le vieillard, qu'à mon âge on n'achète même pas de bananes vertes.

***

«**On a peut-être raison** d'empêcher un garçon d'épouser sa sœur, mais **je voudrais vous faire remarquer que** c'est le seul moyen de supprimer définitivement les belles-mères.»

Baron Yves de Contais

Anderer Meinung sein

Den Irrtum des anderen bedauern:

Désolé, mais tu manques de logique.
Je regrette, mais à mon avis il est impossible que …
Je suis désolé, mais tu te trompes.
Alors là, vous m'excuserez, mais vous faites erreur.

Deutlich werden – Farbe bekennen:

Je regrette de devoir signaler/ rappeler que …	Ich muß leider darauf aufmerksam machen, daß …
Je ne vois pas du tout pourquoi …	Ich verstehe nicht, warum …
Ça m'étonnerait que …	Es würde mich wundern, wenn …
Je ne suis pas convaincu que …	Ich bin nicht überzeugt, daß …
Ce n'est pas tout à fait mon avis.	Ich bin nicht Ihrer Meinung.
J'ai quelques doutes en ce qui concerne …	Ich habe einige Zweifel bei … was … anbelangt.
Je doute fort que …	Ich bezweifle sehr, daß …
Détrompez-vous.	Täuschen Sie sich nicht!

Die kategorische Ablehnung:

Ce n'est pas cela/C'est faux.	Das ist nicht so/ist falsch.
Vous voulez rire. Vous plaisantez.	Sie scherzen.
Je ne suis pas de votre avis.	Ich bin nicht Ihrer Meinung.
Je ne suis pas (du tout) d'accord.	Ich bin (überhaupt) nicht einverstanden.
C'est un point de vue que je refuse.	Das ist ein Standpunkt, den ich ablehne.
Vous n'allez quand même pas dire que …	Sie wollen doch nicht etwa sagen, daß …
Il est absurde de dire que …	Es ist absurd zu sagen, daß …
Il n'en est pas question.	Das kommt nicht in Frage.

Exprimer son désaccord

– Ecoutez mes filles, dit le curé pendant le cours de catéchisme. **Je ne suis pas d'accord** que vous vous maquilliez ni que vous vous barbouilliez de rouge à lèvres. D'ailleurs, je trouve que ça a un goût affreux.

***

Un jeune couple envisage de passer ses vacances en Irlande.

– On invite maman? propose la jeune femme. Elle serait ravie.

– **Je ne vois pas du tout pourquoi!** Elle va nous gâcher tout comme elle l'a fait l'année dernière. **Il n'en est pas question.**

Ils se querellent pendant trois jours, puis le mari abandonne. Il téléphone à sa belle-mère pour l'inviter.

– Trop tard, répond-elle sur un ton glacial, j'ai déjà prié Dieu qu'il apporte la pluie.

***

Au musée de l'art populaire à Berlin, le guide élève la voix:

– Cette momie égyptienne a peut-être de son vivant rencontré le prophète Moïse.

Une voix outrée s'élève parmi les auditeurs:

– **Vous n'allez quand même pas dire** que Moïse, lui aussi, a été à Berlin!

***

En pleine forêt vierge, un missionnaire et son guide arrivent dans un village. Les habitants se sont réunis autour de leur sorcier qui est en train de battre son tambour comme un fou.

– Qu'est-ce qu'ils ont? demande le missionnaire.

– Il n'ont pas d'eau, répond le guide.

– Je vois, dit le missionnaire. Maintenant ils appellent les dieux qu'ils apportent la pluie.

– **Détrompez-vous! Ce n'est pas cela,** fait le guide, il appelle le plombier.

Anderer Meinung sein

5. Ausrufe des Widerspruchs und des Protests

Rien de plus faux!	Nichts ist falscher.
Ah non! Pas question!	Nein. Kommt nicht in Frage!
Mais absolument pas!	Aber keineswegs.
Jamais de la vie!	Nie im Leben!
Bien au contraire!	Ganz im Gegenteil.
C'est faux.	Das ist falsch.
C'est tiré par les cheveux.	Das ist an den Haaren herbeigezogen.

Exprimer son désaccord

Mademoiselle Hochecorne qui est une avocate pleine d'enthousiasme, mais pas très jolie, plaide avec ferveur. Comme dernier argument, elle lance à l'adresse des jurés:

– Je suis si persuadée de l'innocence de l'accusé que je serais même prête à l'épouser.

A ces mots, l'accusé bondit de son banc et crie:

– **Ah non! Pas question!** J'avoue tout.

***

Chuchotements amoureux au jardin d'enfants:

– Quand tu seras grand, tu m'épouseras? demande Christine à son ami Florian âgé de 5 ans.
– **Impossible!** répond Florian, dans notre famille on se marie seulement entre nous. Grand-mère a épousé grand-père, l'oncle, la tante, mon père, ma mère.

***

Le médecin d'un asile demande à un fou:

– Et qui êtes-vous aujourd'hui?
– Le pape!
– Ah, bon. Et comment savez-vous que vous êtes pape?
– C'est Dieu qui me l'a dit.

A ce moment passe le médecin en chef, un vénérable vieillard à barbe blanche, qui secoue la tête et dit:

– **Absolument pas!** Je n'ai jamais parlé à cet individu.

***

La fille d'un nouveau riche avoue à son père:

– Papa, je vais faire du cinéma publicitaire.
– Quoi? Ridiculiser le nom de ta famille? **Jamais de la vie!** Je te tuerai d'abord.
– Mais papa, je prendrai un pseudonyme?
– De mieux en mieux. Alors, je vous tuerai tous les deux.

Exprimer son désaccord

Test

1. Übersetzen Sie die deutschen Ausdrücke in Klammern.

– Allô, docteur? Lors de ma dernière visite, vous avez prétendu qu'il était normal que mon fils fasse pipi au lit. **(Ich bin nicht Ihrer Meinung.)** Et sa femme non plus.

***

Anne: **(Niemals im Leben)** je ne consentirai à entrer seule dans l'appartement d'un garçon – le type devrait au moins m'accompagner.

***

2. Widersprechen Sie! Verwenden Sie die Hilfen in Klammern.

a) Personnellement, je pense que le Chancelier Kohl est le plus grand homme politique du siècle **(Signalisieren Sie Vorbehalt).**
b) Pour ma part, je crois que la monarchie est la forme du gouvernement la plus raisonnable (**Vorsichtiger Widerspruch; mit** *avoir raison*).
c) Pour moi, le marché commun est un échec complet (**Entschiedener Widerspruch mit** *avis*).
d) Entre nous, je pense qu'une femme a besoin de plusieurs maris (**Vorsichtiger Widerspruch mit** *aller trop loin*).

***

3. Bitten Sie um nähere Erläuterung der unterstrichenen Begriffe (Gebrauchen Sie die Verben in Klammern)

a) Pascal dit que l'homme est un roseau pensant (signifier).
b) Marx dit que la religion est de l'opium pour le peuple (dire).
c) La France ne sera jamais décentralisée (entendre).
d) Moi, je pense que l'avenir de l'Europe est incertain (préciser).

Vorschlag, Rat und Warnung

Savoir vivre avec les bons conseils

Das Streben deutscher Touristen, rückständige Mittelmeeranrainer mit wohlgemeinten Ratschlägen den deutschen Weg des Heils zu weisen, ist der Sprachbarrieren wegen nicht immer von Erfolg gekrönt. Hier lernen Sie, Ihren Rat in die angemessene sprachliche Form zu gießen.

Vorschlag, Rat und Warnung

1. Vorschlag

Vorschläge sind sicherer als Ratschläge. Mit den Worten: «Es war ja nur ein Vorschlag», entziehen Sie sich der Verantwortung, sollte sich der Rat als falsch erweisen.

Der vorsichtige und höfliche Vorschlag ist eine Frage im Konditional:

Est-ce qu'on pourrait ...?	Könnten wir (nicht) ...?
Est-ce que tu ne pourrais pas ...?	Könntest du nicht ...?
Pourquoi est-ce qu'on ne ferait pas ça?	Warum machen wir das nicht?
Ça te plairait de ...?	Würde dir ... gefallen ...?
Ça vous dirait de ...?	Würde Ihnen ... zusagen?
Vous ne pourriez pas ...?	Könnten Sie nicht ...?
Et si on allait au théâtre?	Wie wäre es, wenn wir ...?

Der direkte Vorschlag

On pourrait toujours ...	Wir könnten auf jeden Fall ...
Je vous propose de ...	Ich schlage Ihnen vor, zu ...
J'ai une proposition à vous faire.	Ich habe Ihnen einen Vorschlag zu machen.
Voilà ce que je te propose:	Ich schlage dir folgendes vor:
Je vous suggère de ...	Ich schlage Ihnen vor, zu ...
J'ai une meilleure idée ...	Ich habe eine bessere Idee.

Savoir vivre avec les bons conseils

Depuis quelques mois, la jeune Rosalie couche avec un riche banquier et elle attend un bébé de lui. La mère arrive en trombe dans le bureau de l'infâme séducteur.

– Ecoutez, **voilà ce que je vous propose,** dit le banquier. Si c'est un garçon, je verserai aussitôt 500 000 F et si c'est une fille 400 000 F. Alors, nous sommes d'accord?
– Heu …, balbutie la mère étonnée, c'est très généreux de votre part. Mais en cas de fausse couche, vous lui donneriez une seconde chance?

***

Un vieux couple fête ses noces d'or.

– **Et si on refaisait notre voyage de noces?** propose la femme.
– Oh! C'est une bonne idée! dit le mari. **Je te propose de** partir en juillet, et moi **je pourrais** partir en septembre.

***

Un banquier américain reçoit un coup de téléphone de l'homme qui a kidnappé sa belle-mère.

– J'exige un million de dollars pour vous la rendre.
– **J'ai une meilleure proposition à vous faire,** répond le banquier. Je vous donne l'argent à condition que vous la gardiez.

***

Le fils de Mme Dupont part en classe de neige. Sa mère sait qu'il n'aime pas écrire.

– Je te mets dans ta valise six enveloppes timbrées, à mon adresse, et six feuilles blanches. Tu n'auras qu'à écrire «Tout va bien» et je comprendrai.
– **J'ai une meilleure idée,** répond le garçon, **est-ce que tu ne pourrais** pas toi-même écrire «Tout va bien» sur toutes les feuilles. Le jour où ça ira mal, je me contenterai de la barrer d'une croix.

2. Der vorsichtige Ratgeber

Sensiblen Zeitgenossen raten Sie mit der vorsichtigen Frage:

Puis-je me permettre de vous donner un conseil[1]?
Ne serait-ce pas une bonne idée de suivre un régime[2]?
Ne vaudrait-il pas mieux consulter un médecin?
Ne croyez-vous pas qu'on devrait rentrer à la maison?
Est-ce que tu n'as jamais pensé à apprendre le français?
Pourquoi ne fais-tu pas comme moi/comme tout le monde?
Je me demande si cela n'est pas trop dangereux.

Distanziert und förmlich wirken auch folgende Redemittel:

Je n'ai pas de conseil à vous donner, mais à mon avis[3], ...
Si je peux me permettre de vous donner un conseil, ...
Si j'ai un conseil à vous donner, je ...

Das Konditional ist häufigste Form für distanzierten Ratschlag:

A votre place, je resterais.	An Ihrer Stelle würde ich bleiben.
Si j'étais toi, je le ferais.	Wenn ich *du* wäre, würde ich es tun.
Vous feriez bien de partir.	Sie täten gut daran zu gehen.
Tu devrais accepter ce poste.	Du solltest die Stelle annehmen.
Moi, je partirais.	*Ich* würde abreisen.
Il vaudrait mieux refuser.	Es wäre besser abzulehnen.

Vokabelhilfen: [1] Rat; [2] eine Diät machen; [3] meiner Meinung nach.

Savoir vivre avec les bons conseils

Une femme en deuil entre dans une boutique de pompes funèbres:
– Je voudrais choisir un cercueil pour mon mari, dit-elle.
– Voilà notre modèle en sapin qui est très bon marché. Mais **si je peux me permettre de vous donner un conseil, je prendrais plutôt** notre modèle en chêne, propose l'employé.
– Pourquoi? C'est mieux?
– Ben, c'est-à-dire que c'est plus sain.

***

Un imprésario rencontre un jeune comédien qui espère être engagé:
– Quel est votre nom, demande-t-il au débutant?
– Je m'appelle Kohn.
– Ecoutez, fait l'imprésario, ce nom est impossible au cinéma. **Je n'ai pas de conseil à vous donner, mais à votre place je choisirais un pseudonyme.**
– Mais, dit le jeune homme timidement, c'est déjà un pseudonyme.

***

– **J'ai besoin d'un conseil,** écrivait à Mark Twain un écrivain presque inconnu. On organise autour de moi une conspiration de silence. **Que dois-je faire?**
Et Mark Twain de répondre:
– **Il vaudrait mieux** vous y joindre.

***

René: Docteur, franchement, c'est grave?
Docteur: **Moi, à votre place, je n'hésiterais pas.** Je **vendrais** tout ce que je possède et **je mènerais** joyeuse vie pendant tout le temps qu'il me reste sur la terre. En une semaine, on peut faire beaucoup de choses!

***

Une vieille dame heurte, en descendant son escalier, un déménageur qui transporte sur ses épaules une énorme horloge.
– Eh bien, jeune homme, lui lance-t-elle, **vous devriez** porter un bracelet-montre comme tout le monde.

Vorschlag, Rat und Warnung

3. Der deutliche Ratgeber

Ohne Konditional wirkt der Rat direkter und weniger distanziert:

Je vous conseille de ...	Ich rate Ihnen zu ...
Je vous recommande de ...	Ich empfehle Ihnen ...
Vous avez intérêt à ...	Sie tun gut daran ...
Tu n'as qu'à partir.	Du brauchst nur abzureisen.
A mon avis, il faut ...	Meiner Meinung nach müssen wir ...

4. Wie man guten Rat ablehnt

Den guten Rat: Je te conseille de travailler, können Sie zum Beispiel so **in Frage stellen:**

Travailler? Pourquoi?
Tu crois?/Tu penses?
Vous pensez vraiment que je devrais travailler?

Vorsichtige Ablehnung:

Je vais y réfléchir.
Ah, oui peut-être as-tu raison.
Je ne suis pas si pessimiste.
Ne vous inquiétez pas.

Scharfe Ablehnung:

Je n'ai pas besoin de vos conseils.
Mêle-toi de tes affaires.
Tu m'agaces avec tes conseils.
Mais c'est ridicule/insensé!

Savoir vivre avec les bons conseils

Une chanteuse américaine d'un certain âge se présente au directeur d'un grand music-hall.

- **Je vous conseille de** m'engager. J'ai une réputation internationale et nationale. J'ai même chanté pour l'armée.
- Ah! Vraiment? fait le directeur d'un air malicieux. C'était l'armée sudiste ou l'armée nordiste?

***

- **Je vais te donner un bon conseil,** mon vieux. Quand tu embrasses ta femme, tire les rideaux, hier soir tout le monde vous a vus.
- Eh bien, mon vieux, tu me fais bien rire, parce que hier soir je n'étais pas à la maison.

***

Deux avocats se croisent dans le couloir du palais de justice:

- Je suis pressé, dit l'un, mon fils vient d'avoir 13 ans.

Et l'autre de lui conseiller:

- Ça peut s'arranger, **vous n'avez qu'à faire appel.**

***

Pour chasser le lapin, **on vous recommande** de vous cacher derrière un arbre et d'imiter le cri d'une carotte.

***

Un riche bourgeois s'approche d'un clochard qui, une bouteille de rouge à la main, est en train de mendier:

- N'avez-vous pas honte de vivre de la générosité des autres? **Vous feriez mieux de** travailler, s'indigne le bourgeois.
- **Travailler? Et pourquoi?**
- D'abord pour manger à votre faim! Et après, **je vous conseille de** fonder une famille.
- **Moi, fonder une famille? Pourquoi?**
- Un jour vos enfants travailleront pour vous et vous pourrez vous reposer.
- **Me reposer? C'est ridicule!** Que pensez-vous que je fasse en ce moment?

Vorschlag, Rat und Warnung

5. Um Rat fragen: Guter Rat für Ratsuchende

Müssen Sie jemanden um Rat fragen, empfehlen wir den folgenden *«Dreisatz»:*

1. Entschuldigung als Einleitung

Pardon, monsieur, ...
Excusez-moi, mademoiselle, ...
Excusez-moi de vous déranger, madame, ...

2. Problem ankündigen

J'ai un petit problème.
Je suis tombé(e) en panne d'essence.
Je ne sais pas quoi faire.
Je suis complètement débordé(e).

3. Um Rat und Hilfe bitten

J'ai besoin d'un conseil.
Pourriez-vous m'aider?
Qu'est-ce qu'il faut faire?
Qu'est-ce que je dois faire?
Qu'est-ce que vous me conseillez?
Que ferais-tu à ma place?

Savoir vivre avec les bons conseils

Un célèbre psychiatre reçoit un coup de téléphone:
- **Excusez-moi de vous déranger** un dimanche matin, **docteur,** mais **je ne sais plus quoi faire.** Depuis deux jours mon mari se prend pour un cheval. Il ne mange plus que de l'avoine. **Qu'est-ce qu'il faut faire?**
- Madame, c'est grave. Amenez-le-moi tout de suite.
- D'accord, docteur. Juste le temps de le seller.

***

Une Chinoise va consulter un gynécologue connu et lui explique:
- Docteur, **aidez-moi, s'il vous plaît. J'ai un petit problème.** Après sept ans de mariage, je n'ai toujours pas d'enfant. **Pourriez-vous m'aider?**
- Ne vous en faites pas, madame, dit le médecin. Déshabillez-vous et allongez-vous sur cette table.
- Mais, balbutie sa patiente, j'aurais **préféré** que ce soit un petit Chinois.

***

- Docteur, docteur, **que dois-je faire?** Je mange comme un bœuf, je travaille comme un chien, je suis fatigué comme un vieux cheval et j'engraisse comme un porc. **Que me conseillez-vous?**
- **Hmm**. C'est grave! **A votre place, je consulterais** un vétérinaire.

***

Un astronaute américain appelle cap Kennedy par radio:
- Ecoutez! Une fusée russe vient de s'approcher à moins de 30 mètres de mon satellite. Ils ont une caméra et ils vont commencer à me photographier. **Que dois-je faire?**
- Euh ... **Souriez!**

***

- Ecoute, dit la mère à sa petite fille, **il vaudrait mieux être sage.** Si tu es sage, tu iras au ciel, si tu es méchante, tu iras en enfer!
- **Et qu'est-ce que je dois faire pour** aller au cirque?

Savoir vivre avec les bons conseils

– Docteur, **je ne sais plus quoi faire.** Mes jambes ne cessent de gonfler. **Qu'est-ce que vous me conseillez?**
– Eh bien, prenez un bain bien chaud, trois fois par jour.

Le lendemain le patient téléphone au docteur:
– Mais ça ne va pas docteur, j'ai pris des bains chauds et après mes jambes étaient plus gonflées qu'avant. Alors **ma mère m'a conseillé de** prendre un bain froid et me voilà guéri.
– Je suis confus, monsieur, ma mère, elle, recommande toujours des bains chauds.

***

Après avoir tourné en rond pendant une heure, un automobiliste aperçoit un paysan auquel il demande:
– Pardon, monsieur, pourriez-vous m'indiquer le chemin pour Claix?
– Vous voulez aller à Claix?
– **Oui, alors que feriez-vous à ma place?**
– **Eh bien, moi, à votre place,** si je voulais aller à Claix, je ne partirais pas d'ici.

***

– **Donnez-moi un conseil,** dit un millionnaire à son avocat. Je suis tombé amoureux d'une starlette de vingt-deux ans, et moi j'en ai soixante-neuf. Est-ce que je peux lui faire croire que je n'en ai que cinquante?
– Bien sûr que non. **A votre place je dirais que** vous en avez déjà quatre-vingts.

***

Une très vieille dame va chez son dentiste pour lui demander conseil:
– **Docteur, qu'est-ce qu'il faut faire?** Je souffre des dents toute la nuit.
– **Je vous conseille de** ne plus dormir ensemble.

Savoir vivre avec les bons conseils

– Docteur, je voudrais vivre vieux. **Donnez-moi un conseil.**
– C'est facile. **Je vous recommande de ne plus** boire d'alcool, **de ne plus fumer** de cigarettes et **surtout, ne courez plus** après les jeunes filles. Voilà tout.
– Et vous pensez vraiment que cela va prolonger ma vie?
– Mais oui, mon vieux. En tout cas, la vie vous semblera plus longue.

***

Une jeune femme est en train de s'amuser avec son amant. Tout à coup elle entend quelqu'un à la porte.

Elle: Mon Dieu! mon mari!
Lui: Dis-moi vite, **que dois-je faire?**
Elle: Je ne sais pas. **Saute** par la fenêtre.
Lui: Mais chérie, on est au treizième étage!
Elle: **Dépêche-toi,** imbécile, c'est pas le moment d'être superstitieux.

***

Une mère inquiète téléphone au médecin:
– Docteur, venez vite. Mon fils a avalé mon stylo. **Que dois-je faire?**
– **Calmez-vous** et **écrivez** avec un crayon!

***

Une dame angoissée téléphone au commissariat de police:
– Il y a trois jours, je préparais du poulet. Mon mari est descendu chercher une boîte de petits pois. Il n'est pas revenu! **Qu'est-ce qu'il faut faire?**

Et le flic répond:
– **Ben, faites donc des frites!**

***

Patient: Docteur, dites-moi, **que dois-je faire pour** avoir de jolies mains douces?
Docteur: Rien du tout, et cela pendant toute une vie.

Vorschlag, Rat und Warnung

6. Der Mahner und Warner

Es ist Schicksal wohlmeinender Ratgeber, daß ihre Bemühungen oft zu Unrecht als Besserwisserei und Einmischung ausgelegt werden. Gutgemeinte **Mahnungen** wollen deshalb zuerst im privaten Bereich erprobt sein, bevor man damit Vorgesetzte vor Fehlern bewahrt.

Für Mahnungen nehmen Sie den freundlichen Imperativ:

Méfie-toi[1] **de cet homme.**
Surtout évitez[2] **de** partir les week-ends.
N'oublie pas de prendre ton médicament.
Ne sortez pas sans chapeau[3]!
Faites attention à ne pas rouler[4] trop vite.
Attention au chien!

Für die deutliche Warnung stehen drei Verben zur Wahl: signaler (aufmerksam machen); **avertir, prévenir** (warnen):

Je	**te**	**signale**	**que**	c'est dangereux.
	vous	**avertis**		c'est interdit.
	vous	**préviens**		le mardi, c'est fermé.

Wo guter Rat auf steinigen Boden fällt, ist es ratsam, den Strategien des Kapitels **«L'art de critiquer»** zu folgen.

Vokabelhilfen: [1] Nimm dich in acht vor; [2] vermeiden Sie; [3] Hut; [4] Auto fahren.

Savoir vivre avec les bons conseils

Grande réception au château du baron Rothschild. Trois mille invités. Fatigué un gros monsieur s'assoit sur le seul fauteuil qui est encore libre. Un des membres de la famille lui dit en passant:

- **Attention, monsieur, ne vous asseyez pas** là, c'est le fauteuil de Richelieu.
- **Ne vous en faites pas,** je lui laisserai la place, dès qu'il arrivera.

***

La vraie avarice écossaise:

Le mère de McNab est morte. Il demande à son fils d'aller à la poste pour envoyer un télégramme à son frère à New York.

- **Et n'oublie pas que** pour un shilling tu as droit à dix mots.

Le lendemain, à New York, le frère de McNab reçoit le télégramme suivant:

Mère décédée samedi. Enterrement mardi.
Glasgow bat Liverpool quatre – deux.

***

Si votre femme est insupportable, **ne la punissez pas** tout de suite! **Achetez-lui** un nouveau chapeau ravissant et **enfermez-la** dans une pièce où il n'y a pas de miroir.

***

Un vieille fille explique à un étudiant qui voudrait louer une de ses chambres:

- **Je vous avertis tout de suite que** je suis arrivée à un âge où je suis très sensible au bruit. Alors pas de radio, pas d'animaux et surtout pas de visiteurs.
- Entendu, répond le jeune homme, mais **je vous préviens que** la plume de mon stylo grince un peu.

Savoir vivre avec les bons conseils

Docteur: Vous voulez perdre 4 kilos? Bon, **je vous recommande** la petite gymnastique suivante: **Faites bouger** votre tête de gauche à droite et de droite à gauche.
Yvette: Et combien de fois par jour?
Docteur: A chaque fois que l'on vous propose à manger.

***

Une mère dit à sa fille qui s'amuse à étirer sa bouche dans tous les sens:
– Moi, quand j'étais petite, ma mère m'a toujours dit: **Je te préviens que si** tu continues à faire des grimaces, plus tard, tu seras affreuse.
– Et pourquoi n'as-tu pas suivi le conseil de grand-mère? demande la petite.

***

Dans un supermarché, une fillette dit à sa mère:
– **Je te préviens que si** tu ne m'achètes pas ce chewing gum, je t'appelle «grand-mère» devant tout le monde.

***

Un Allemand du nord entre dans le Hofbräuhaus à Munich et commande un verre de lait. La serveuse le sert en lui lançant un regard méprisant. Quand plus tard, le client commande une limonade, elle lui lance:
– Bon mais, **je vous préviens** que nous ne vendons pas de jouets.

***

Une conductrice arrive dans un garage, au volant d'une voiture toute cabossée.
– **Je vous préviens,** lui dit le garagiste, que nous faisons le lavage mais pas le repassage.

***

Chez le dentiste, on voit entrer un petit garçon accompagné d'un énorme chien.
– **Je vous avertis,** dit-il, qu'à chaque fois que je crie «Aïe», il mord.

Savoir vivre avec les bons conseils

Un producteur allemand téléphone à son agent français:
– Achetez les droits de *«Vie de George Sand»*. On va en tirer un film qui va battre tous les records.
– **Je vous signale,** répond le Français, que vous risquez d'être gêné par le fait que George Sand était lesbienne.
– Pas de problème, on en fera une Italienne.

***

Deux dames qui font le tour de la Grèce sont en train de prendre des photos devant les ruines d'un temple.
– **Je te signale** dit l'une, **qu**'on va voir notre voiture. Ce serait un anachronisme.
– Surtout, enchaîne l'autre, mon mari croira tout de suite que c'est moi qui ai mis ce temple dans cet état.

***

Un gamin à sa fenêtre tire la langue à un régiment de soldats qui passe.
– **Fais attention à ne pas être trop** insolent avec ces jeunes gens, lui dit sa mère. Parmi eux, il y en a un qui est ton père et une bonne cinquantaine qui pourraient l'être.

***

Hinweisschilder und Sprichwörter:

Ne pas se pencher en dehors.

***

Un petit clic vaut mieux qu'un grand choc.

***

Mieux vaut boire en société que de mourir seul.

***

Mieux vaut être riche et bien portant que pauvre et malade.

Savoir vivre avec les bons conseils

Test

1. Übersetzen Sie die deutschen Ausdrücke in Klammern.

– Que voulez-vous que je fasse de votre reçu, rouspète l'automobiliste après avoir payé son amende.
– **(Ich rate Ihnen)** de le conserver, dit l'agent de police. En échange de 50, vous recevrez une bicyclette.

***

Un client presque chauve entre chez son coiffeur:
– Dites-moi, Jean, je suis en train de perdre mes derniers cheveux. **(Was könnte ich tun um)** les conserver?
– **(An Ihrer Stelle), je** les mettrais dans une boîte.

***

Deux puces sortent du cinéma et il y en a une qui dit à l'autre:
– On rentre à pied?
– **(Wie wäre es, wenn wir uns einen Hund nähmen)?** propose l'autre.

2. Ergänzen Sie die Dialoge mit den Redemitteln dieses Kapitels.

Rat geben:	**Rat ablehnen:**
a) A.........je mettrais un pull.	– Tu m' .... avec tes conseils.
b) Je.........de conduire lentement.	– Ne t' .... pas
c) Je vous.........de payer vos impôts régulièrement.	–............................. de vos affaires!
d) ....mieux dire la vérité.	– V... p .... ?

3. Übersetzen Sie den Dialog zwischen Ratsucher und Ratgeber.

Entschuldigen Sie bitte, mein Herr, ich habe da ein kleines Problem. Mir ist das Benzin ausgegangen. Was soll ich tun?
An Ihrer Stelle würde ich den ***service de dépannage*** anrufen.

Erlauben und Verbieten

Permettre et défendre

Sind Sie Erfolgs- und Herrenmensch? Leben Sie nach dem Motto «Im Anfang war die Tat» und «Wer viel fragt, bekommt viele Antworten»? Glückwunsch! Sie dürfen den *Erlaubnisteil* dieses Kapitels überblättern. Er wäre der weiteren Verfolgung Ihrer Karriere nur hinderlich. Sie, liebe Leser, die nach dem Motto «Mit dem Hute in der Hand kommt man durch das ganze Land» leben müssen, lernen, wie Sie bitten, etwas tun zu dürfen – und wie man es Ihnen abschlägt.

Erlauben und Verbieten

1. Um Erlaubnis bitten

So treten Sie an Freunde und Bekannte heran:

Ça vous dérange si je ...?	Macht es Ihnen etwas aus, wenn ...?
Est-ce que je pourrais ...?	Könnte ich bitte ...?
On ne pourrait pas ...?	Könnten wir nicht ...?
Est-ce qu'on peut partir?	Können wir gehen?
Vous êtes d'accord que je ...?	Sind Sie einverstanden, daß ...?
Vous êtes d'accord?	Sind Sie einverstanden?
Laissez-moi essayer, s. v. p.	Lassen Sie es mich bitte versuchen.

Mit diesen Redemitteln bitten Sie Vorgesetzte und Beamte:

Excusez-moi, mais serait-il possible que je ...	Wäre es möglich, daß ich ...?
Permettez-vous que ...	Gestatten Sie, daß ...?
Vous m'autorisez de ...?	Erlauben Sie mir, zu ...?
Je vous demande la permission/l'autorisation de ...	Ich bitte Sie um die Erlaubnis, ... zu dürfen.

2. Erlaubnis geben

Ohne viel Worte – kurz und bündig:

Comme tu veux.	Wie du willst.
D'accord. Allez-y.	Einverstanden. Nur zu.
Bien entendu.	Selbstverständlich.
Oui, bien sûr.	Aber gewiß doch.
Si vous voulez.	Wenn Sie wollen.

Permettre et défendre

La jeune et ravissante Angélique est accusée d'avoir dupé un vieillard très riche et de lui avoir détourné sa fortune. Son avocat est en train de plaider avec ferveur:

– Messieurs les jurés, voulez-vous vraiment envoyer cette éblouissante beauté dans une cellule sombre ou **permettez-vous qu**'elle rentre dans son appartement, 23 rue Napoléon, troisième étage à gauche, téléphone 66 99 66?

***

Une vieille dame américaine qui a consacré toute sa vie à visiter les prisons et à réconforter les condamnés envoie cette lettre à la prison de Sing-Sing:

«Cher matricule 322 515,
maintenant que nous nous connaissons depuis trois ans,
permettez-moi de vous appeler affectueusement 322.»

***

Jean: Maman, cette viande a un petit goût de … hmm, je ne sais pas de quoi. **Tu es d'accord que je** la donne au chien?

Mère: Non, René, c'est le chien.

***

A Pâques, un curé, étonné de voir son église remplie jusqu'à la dernière place, réfléchit un moment puis il s'adresse aux fidèles:

– Mes sœurs, mes frères, je crains ne revoir la plupart d'entre vous qu'à Pâques l'année prochaine. **Permettez-moi de** vous souhaiter un joyeux Noël et une bonne année.

***

– Pardon, mademoiselle, **voulez-vous me permettre de** vous faire un compliment?
– Mais, **bien entendu,** monsieur, s'il est bien fait.

Erlauben und Verbieten

Auch wenn man Sie nicht darum gebeten hat, können Sie Ihre Erlaubnis geben:

Tu peux toujours prendre mon vélo.	Du darfst jederzeit mein Rad nehmen
Je vous donne le droit de ...	Ich gestatte Ihnen zu …
Tu as le droit de ...	Du darfst …
Je vous donne la permission/ l'autorisation de ...	Ich gebe Ihnen die Erlaubnis, zu …
Je vous autorise de ...	Ich erlaube Ihnen zu …

3. Widerstrebend Erlaubnis geben

Je ne sais pas si c'est possible.	Ich weiß nicht, ob das möglich ist.
Ça va être difficile parce que ...	Das wird schwierig sein, weil …
A ta place je ne le ferais pas.	Das würde ich an deiner Stelle nicht tun.
Je préférerais que tu ...	Mir wäre lieber, du …
Est-ce qu'il faut absolument?	Muß das unbedingt sein?
S'il le faut absolument.	Wenn es unbedingt sein muß.

***

Un malentendu dans un pré:
Un peintre rencontre un berger et lui demande:
– **Est-ce que je peux** peindre vos moutons?
– **Eh bien, s'il le faut absolument.** Un ou deux ça peut aller, mais pas plus. Après je ne pourrais plus vendre la laine.

Permettre et défendre

– Comment se fait-il, demande un moine à un autre moine que le supérieur t'ait accordé la permission de fumer pendant la prière? C'est pourtant strictement interdit!
– C'est tout simple: **J'ai demandé l'autorisation de** prier pendant que je fumais.

***

Juge: Vous étiez accusé de bigamie. Le tribunal vous a acquitté, **vous avez le droit de** rentrer à la maison.
Accusé: Laquelle, monsieur le juge?

***

Le général de Gaulle et son épouse passent leur week-end à Colombey-les-Deux-Eglises. Le dimanche matin, par mégarde, Yvonne entre dans la salle de bains au moment où le général est en train de sortir de sa baignoire. Surprise, elle pousse un cri.
– Mon Dieu!
– Vous savez, Yvonne, dit tranquillement le général, quand nous sommes seuls, **vous pouvez** m'appeler Charles.

***

Une dame entre dans une boutique et demande au vendeur:
– Excusez-moi, monsieur, **serait-il possible que** j'essaie cette jupe-là dans la vitrine?
– **Je ne sais pas si c'est possible,** fait le vendeur. Pourquoi ne l'essayez-vous pas dans une de nos cabines?

***

Une famille fait un pique-nique au bord d'une rivière. Le petit Jean demande à sa mère:
– Maman, **est-ce que je pourrais** nager dans la rivière?
– **Je préférerais que tu** restes avec moi, chéri. C'est très dangereux, tu sais.
– Mais papa y est allé aussi.
– Oui, mais lui, il est assuré.

Erlauben und Verbieten

4. Erlaubnis verweigern

Diese Redemittel sind nach zunehmender Höflichkeit angeordnet:

Pas question!	Kommt nicht in Frage.
Je suis contre.	Ich bin dagegen.
Non, ça ne va pas parce que ...	Nein, das geht nicht, weil ...
Je regrette, mais ...	Bedaure, aber ...
Je suis désolé(e), mais ...	Es tut mir leid, aber ...
Excuse-moi, mais je crains que cela ne soit pas possible.	Entschuldige, aber ich fürchte, das wird nicht möglich sein.
Malheureusement, ce n'est pas possible.	Leider ist das nicht möglich.

5. Verbieten

Je ne suis pas d'accord.	Ich bin nicht einverstanden.
Je te/vous défends de ...	Ich verbiete dir/Ihnen zu ...
Je vous interdis de ...	Ich verbiete Ihnen zu ...
Il est défendu de ...	Es ist verboten zu ...
Il est interdit de ...	Es ist untersagt zu ...

Auch mit den verneinten modalen Hilfsverben spricht man ein Verbot aus:

Tu ne dois pas ...
Il ne faut pas ...
Tu ne devrais pas ...

Permettre et défendre

Docteur: **Je suis désolé, mais je dois vous** défendre l'alcool. Vous risquez d'abréger votre vie.
René: Mais docteur, comment se fait-il qu'on rencontre plus de vieux ivrognes que de vieux médecins?

***

Rita Hayworth tournait *La Dame de Shanghai* sous la direction de son mari, Orson Welles.
– Arrêtez, dit le chef maquilleur, Miss Hayworth sue tellement, je vais lui faire quelques retouches.
– **Je vous interdis d**'employer le mot *«suer»* à propos de Miss Hayworth. Apprenez une fois pour toutes que les chevaux suent, les humains transpirent, mais Miss Hayworth, elle, irradie.

***

Un gendarme s'approche d'un pêcheur:
– Alors, vous ne voyez pas qu'**il est interdit de** pêcher ici?
– Mais je ne pêche pas, j'apprends à nager à mon ver de terre.

***

Depuis qu'un jeune Allemand a atterri en avion sur la place Rouge à Moscou, **il est formellement interdit d**'y fumer.
Pourquoi? Parce qu'**il est toujours interdit de** fumer sur les aéroports.

***

Dans les autobus urbains, au-dessus de la place du conducteur, il y a toujours une petite pancarte. Mais le texte diffère selon le pays.
En Allemagne on peut lire: **Il est strictement interdit de** parler au chauffeur.
En Italie: Il vaut mieux ne pas parler au conducteur.
En France: **Défense de parler** au chauffeur.
En Israël: Il n'y a aucun intérêt de parler au conducteur.
A Marseille: **Il est défendu de** répondre au chauffeur.

Permettre et défendre

Test

1. Ergänzen Sie die Dialoge mit den Redemitteln dieses Kapitels.

a) Ça vous.........si je fume? – S'il .... absolument.

b) Est-ce que......... prendre ta voiture, s. t. p.? – Bien .... Voilà les clés.

c) Vous.........que je reste quelques jours. – Je crains .... pas possible. J'attends ma belle-mère.

d) Vous m'.........d'aller à la chasse. – Je suis désolé, mais ....chasser au mois de mai.

2. Übersetzen Sie die deutschen Ausdrücke in Klammern.

Pancarte vue à Genève:
«Cette ville doit rester propre! **(Es ist untersagt zu)** cracher! Si vous avez envie de cracher, allez donc en France. Ce n'est pas loin.»

***

Dans le métro, profitant de la cohue, un jeune homme promène ses mains sur une anatomie féminine.

– Hé! Dites donc, jeune homme! Vous ne pouvez pas mettre vos mains ailleurs!
– Bien sûr, mademoiselle, mais **(ich hätte gerne, daß Sie es mir erlauben, Konj.).**

***

En visite chez son gendre, une dame s'indigne:

– C'est insensé! **(Erlaubst du)** à votre fils de faire tout ce qu'il veut?
– Mais pas du tout! Il ne me demande jamais la permission.

Kritisieren und kritisiert werden

L'art de critiquer

In diesem Kapitel erwerben Sie die Redemittel für den Umgang mit den Widerborstigen dieser Welt, bei denen Wünsche und Bitten auf taube Ohren stoßen. Achtung: die Wirkung, die Sie mit diesen Redemitteln erzielen, hängt – wie so oft – von der Intonation ab.

Kritisieren und kritisiert werden

1. Kritik ankündigen

Höfliche Kritik beginnt mit einem Ausdruck des Bedauerns. Ihm folgt die Beanstandung, die meist durch *«aber»* eingeleitet wird:

Je suis désolé mais ...	Es tut mir schrecklich leid, aber ...
Je regrette mais ...	Ich bedaure, aber ...
Excusez-moi de vous déranger mais ...	Entschuldigen Sie, wenn ich störe, aber ...
Cela m'ennuie mais ...	Es ist mir unangenehm, aber ...
Je crains que ... + Subj.	Ich fürchte, daß ...
Je dois vous dire que ...	Ich muß Ihnen sagen, daß ...

2. Wie man Verhalten kritisiert

Vorsichtige Kritik tarnt man oft als Ratschlag (siehe Kapitel 11). Das Konditional ist typisch für die höfliche Kritik:

Moi, à votre place, je ne le ferais pas.	An Ihrer Stelle würde ich das nicht tun.
Tu ferais mieux de ...	Du tätest gut daran, ... zu ...
Tu devrais ...	Du solltest ...

Kritik wirkt höflicher, wenn sie als Frage formuliert wird:

Ça vous ennuierait d'éteindre votre cigare?	Würde es Ihnen etwas ausmachen,Ihre Zigarette auszumachen?
Ça te gênerait de ...?	Würde es dir etwas ausmachen ...?
Ne pourriez-vous pas ...?	Könnten Sie nicht ...?

L'art de critiquer

La célèbre actrice est en train de prendre son bain de soleil en costume d'Eve sur le toit d'un des premiers hôtels de Cannes. Le gérant s'approche d'elle et se fait remarquer en toussant poliment:

– **Excusez-moi de vous déranger, mais je crains que** ce ne soit guère un endroit convenable pour pratiquer le naturisme.
– **Vous exagérez,** mon vieux, répond l'actrice, je suis toute seule, personne ne me voit.
– Madame, **je dois vous dire que** vous êtes couchée sur la verrière au-dessus de la salle à manger – et c'est l'heure du repas.

***

La secrétaire d'un médecin célèbre téléphone à Monsieur Hochecorne, un Normand très économe.

– Monsieur, **je suis désolée, mais serait-il possible que** vous ayez oublié de régler la note de la visite d'il y a trois mois? Cette affaire fait beaucoup de peine au docteur.
– Eh bien, répond notre Normand, dites-lui de prendre deux aspirines – et s'il ne va pas mieux rappelez-moi la semaine prochaine.

***

Curé:	Il ne faut pas se battre, mon fils. **Tu devrais** aimer ton ennemi.
Garçon:	Mais ce n'est pas mon ennemi, c'est mon frère.

***

La femme d'un ivrogne vient de rentrer du marché. Elle met sur la table de la cuisine trois bouteilles de vin, trois bouteilles de calvados et un pain. Son mari regarde les achats et s'écrie:

– **Mais qu'est-ce que c'est? Pourrais-tu m'expliquer pourquoi** tu as acheté tout ce pain?

Kritisieren und kritisiert werden

Fragen ohne Konditional können sehr ärgerlich klingen:

Mais qu'est-ce qui t'arrive?	Was fällt dir ein?
Qu'est-ce qui vous prend?	Was fällt Ihnen ein?
Tu ne peux pas faire attention?	Kannst du nicht aufpassen?
Pourquoi as-tu fait ça?	Warum hast du das getan?
Je ne comprends pas pourquoi tu te comportes comme ça.	Ich verstehe nicht, warum du dich so benimmst.
Combien de fois est-ce que je t'ai dit que ...?	Wie oft habe ich dir gesagt, daß …?
Vous avez bientôt fini de ...?	Können Sie nicht endlich aufhören mit/zu …
Vous vous rendez compte que ...?	Merken Sie nicht, daß Sie …?

Ausdruck der Mißbilligung im Aussagesatz:

Je ne vous approuve pas. **Je vous désapprouve.** }	Ich kann Ihr Verhalten nicht gutheißen.
Je ne trouve pas bien ce que tu fais là.	Ich finde nicht gut, was du da machst.
Je n'approuve pas du tout cette attitude.	Ich billige diese Einstellung überhaupt nicht.
Je désapprouve la façon dont vous le traitez.	Mir gefällt nicht, wie Sie ihn behandeln.

L'art de critiquer

Le locataire du troisième étage téléphone au locataire du deuxième étage:

– **Vous avez bientôt fini de** jouer de la trompette? **C'est difficile à supporter!** Si ça continue, je deviendrai fou.
– Excusez-moi, répond l'autre, mais je crains qu'il ne soit déjà trop tard. J'ai arrêté de jouer, il y a une heure.

***

Dans un magasin d'antiquités, un client s'approche d'une statue:

– Elle me semble bien chère, dit-il au propriétaire.
– C'est normal, réplique celui-ci, elle a presque 3000 ans.
– **Vous me prenez pour un imbécile?** s'écrie le client. C'est impossible! Nous ne sommes même pas en l'an 2000!

***

Jean: **Tu as bientôt fini de** faire des grimaces à mon chien?
Paul: Mais, c'est lui qui a commencé.

***

Notre professeur de philosophie était terriblement distrait. Un jour qu'il dînait chez nous et que ma mère avait complètement raté le menu, il s'écria soudain: «**Mais c'est intolérable!** Demain je flanque le cuisinier à la porte.»

***

– Alors, hurle l'agent de police, **vous vous rendez compte que vous** avez failli écraser un enfant? N'avez-vous pas vu le feu rouge?
– Oh! vous savez, répond la vieille dame, les feux rouges, quand on en a vu un, on les a tous vus.

***

Rentrant de voyage, John découvre sa femme au lit avec un type.

– **Inutile de dire que je n'approuve pas votre comportement, ma chère. Auriez-vous du moins la politesse de** nous présenter?
– Mais au fond c'est vrai, réplique la femme en se tournant vers son amant. Comment vous appelez-vous?

Kritisieren und kritisiert werden

Schlechte Pädagogen wenden sich so an die Mitmenschen:

Votre comportement est révoltant!	**Vous êtes insupportable!**
Tu m'énerves!	**Tu m'agaces!**
Tu es pénible!	**Tu me casses les pieds!**
Tu as bientôt fini!	**J'en ai assez!**
Fais donc moins de bruit!	**Ça ne va pas!**

3. Zustände kritisieren, ohne Urheber zu nennen

C'est intolérable/insupportable!	Das ist unerträglich!
C'est scandaleux/dégoûtant!	Das ist abscheulich!
C'est ridicule.	Das ist lächerlich!
C'est difficile à supporter!	Das ist schwer zu ertragen.
C'est le comble!	Das ist der Gipfel!
Mais c'est un scandale!	Das ist ja ein Skandal!

4. Ergebnisse und Leistungen kritisieren

Tu aurais pu faire un effort.	Du hättest dich anstrengen können.
Tu aurais pu mieux faire.	Das hättest du besser machen können.
Ce n'est pas fameux.	Das ist nicht berühmt.
Ce n'est pas extraordinaire.	Das ist nichts Besonderes.
Ce n'est pas terrible.	Das ist nicht gerade toll.
Ça laisse à désirer.	Das läßt zu wünschen übrig.
Regarde ce que tu as fait!	Sieh nur, was du da gemacht hast.
Comment avez-vous pu faire cela?	Wie konnten Sie das nur tun?
Ce n'est pas du bon travail.	Das ist keine gute Arbeit.
C'est lamentable!	Das ist jämmerlich!

L'art de critiquer

Deux Belges dans la salle d'attente devant la maternité. Le docteur entre et s'adresse à l'un des Belges:
- C'est un garçon, monsieur. Félicitations!

L'autre Belge, nerveux et fatigué, s'indigne:
- **Excusez-moi, mais ça ne va pas.** Il est certainement pour moi. J'étais là avant monsieur.

***

La scène se passe à Deauville. Pour la quatrième fois le nouveau cheval de course du Baron Rothschild est arrivé dans les derniers. Hors de lui, le baron hurle à son jockey:
- **C'est un scandale! C'est inadmissible! N'auriez-vous pas pu** aller un peu plus vite?
- Moi, si, répond le pauvre d'une voix tremblante, mais le règlement exige que je reste sur le cheval.

***

Un fakir joue si bien de la flûte que les serpents les plus venimeux et les tigres les plus rapaces se couchent à ses pieds pour écouter ses mélodies enchantées.

Un jour cependant, au beau milieu du concert, un vieux tigre se précipite sur le fakir et le dévore avec sa flûte.
- **Mais c'est dégoûtant!** s'indignent les animaux. Pourquoi as-tu fait ça? N'as-tu aucune sensibilité?
- Quoi? dit le vieux tigre en tendant l'oreille.

***

Le professeur était en train de parler de la Bible et de la création du monde. Tout à coup un des élèves l'interrompt:
- Monsieur, mon père m'a dit que nous descendions des singes.
- **Tu m'énerves,** Dupont. L'histoire de votre famille ne nous intéresse pas.

Kritisieren und kritisiert werden

5. Der Kritik begegnen

Kritik, gerechtfertigt oder nicht, begegnet man am besten mit einer Entschuldigung. Die Redemittel des Entschuldigens sind nach dem Grad ihrer Zerknirschung angeordnet.

Pardon.	Tut mir leid.
Excusez-moi.	Entschuldigen Sie.
Pardon. Je ne savais pas que ...	Tut mir leid. Ich wußte nicht, daß ...
Je suis désolé(e).	Das tut mir sehr leid.
Je suis vraiment désolé(e).	Das tut mir wirklich sehr leid.
Je ne l'ai pas fait exprès.	Das war keine Absicht.
Je regrette infiniment, mais ...	Ich bedaure zutiefst, aber ...
Je vous présente mes excuses. **Je vous prie, monsieur, madame, d'accepter mes excuses.**	Ich möchte mich (in aller Form) bei Ihnen entschuldigen.

Nach der kurzen Entschuldigung können Sie versuchen, den Partner zu beruhigen (siehe Kapitel 7, S. 97ff.), den Vorfall zu beschönigen oder die Schuld zurückzuweisen.

Beschönigen:

Ce n'est pas si grave que ça.	So schlimm ist das doch nicht.
Je vais vous expliquer.	Ich werde Ihnen das erklären.
Mais ne t'énerve pas comme ça!	Reg dich doch nicht so auf!
Ne t'en fais pas!	Reg dich nicht auf!
Vous vous énervez pour un rien.	Sie regen sich umsonst auf.
Je ne comprends pas pourquoi vous vous énervez comme ça.	Ich verstehe gar nicht, warum Sie sich so aufregen.

L'art de critiquer

Elle: Allô, c'est toi, chéri. **Ecoute, je suis désolée mais** je dois te dire que j'ai des problèmes avec la nouvelle Mercedes.

Lui: La nouvelle Mercedes? … pas possible!

Elle: **Je ne sais pas comment te l'expliquer, mais** d'après le garagiste il y aurait de l'eau dans le carburateur.

Lui: Cesse de pleurer, chérie. J'arrive. A propos, où est la voiture?

Elle: Dans la Seine, près de Poissy.

***

– Garçon! **Regardez-moi ça!** Vous m'avez servi un homard qui n'a qu'une seule pince!
– Monsieur, **je suis vraiment désolé.** Cet homard vient de perdre sa pince dans un combat avec un autre homard.
– Alors, apportez-moi le vainqueur.

***

Professeur: **Je ne comprends pas pourquoi** vous arrivez toujours en retard, Chabert.

Elève: **Excusez-moi,** Monsieur, mais je dors profondément. Et je n'entends pas mon réveil.

Professeur: Est-ce que vous voulez dire que vous dormez à la maison aussi profondément qu'en classe?

***

Des excuses classiques dans des situations classiques:

Les excuses suivants sont introduites par:

Je regrette infiniment, chéri …/Je suis désolée, …

1. … j'ai un de ces maux de tête …
2. … mais pas ici! Quelqu'un pourrait nous voir.
3. … mais que faire si les enfants se réveillaient.
4. … mais je viens directement de chez mon visagiste.
5. … mais d'abord j'ai besoin d'une cigarette.
6. … pas aujourd'hui. Je n'ai pas le courage.

Kritisieren und kritisiert werden

Schuld zurückweisen:

Ce n'est pas de ma faute.	Das ist nicht meine Schuld.
Je n'y suis pour rien.	Damit habe ich nichts zu tun.
Je n'y peux rien.	Ich kann nichts dafür.
Je n'accepte pas vos reproches.	Ich kann Ihre Vorwürfe nicht akzeptieren.
Que voulez-vous que je fasse?	Was soll ich denn machen?

Zum Gegenangriff übergehen:

Mais que voulez-vous?	Was wollen Sie denn?
Tu m'énerves avec ta critique.	Du gehst mir auf die Nerven mit deiner Kritik.
Mais toi-même, tu as …	Aber du hast doch selbst …
Je ne comprends pas votre indignation.	Ich verstehe Ihre Entrüstung nicht.
Pour qui tu te prends?	Für wen hältst du dich?
De quoi tu te mêles?	Was mischst du dich da ein?
Mêle-toi de tes affaires.	Kümmere dich um deine eigenen Angelegenheiten.
Je ne sais pas ce que vous voulez.	Ich weiß überhaupt nicht, was Sie wollen.
Je ne comprends pas pourquoi vous vous mettez en colère.	Ich verstehe nicht, warum Sie so wütend werden.
Pour qui vous prenez-vous?	Für wen halten Sie sich eigentlich?
C'est un comportement agaçant!	Dieses Benehmen geht einem auf die Nerven.

L'art de critiquer

Gérant d'un supermarché: **Mais regardez-moi ça.** Toute cette poussière. On dirait que les vitrines n'ont pas été nettoyées depuis des mois.

Jeune employée: **Je suis désolée, mais ce n'est pas de ma faute.** Je travaille ici seulement depuis deux semaines.

***

Père: Paul, **tu m'énerves. Regarde-moi ça:** Tu m'as encore une fois apporté une paire de chaussures dont l'une est noire et l'autre est brune.

Paul: **Je n'y peux rien,** papa, mais l'autre paire est exactement pareille.

***

– Il est grand temps que tu changes l'eau de l'aquarium.
– **Ne t'en fais pas.** Ils n'ont pas encore bu celle que je leur ai servie la semaine dernière.

***

Le Président Mitterrand fait visiter au Chancelier Helmut Kohl et à sa femme le Louvre et leur montre fièrement toutes les magnifiques peintures. Au bout d'une heure, Madame Kohl aurait dit à son mari:
– Tu sais, Helmut, ce serait tout de même bien d'avoir quelques peintures comme celles-là à la maison.

Et Helmut Kohl aurait répondu sur un ton irrité:
– **Je ne te comprends pas. Comment veux-tu que je** trouve le temps de peindre?

***

L'accusé est devant le juge d'instruction, qui n'est pas content du tout.
– **Je n'approuve pas du tout** votre stratégie. Hier vous m'avez avoué avoir commis le crime, et aujourd'hui vous niez!
– **Je vous présente mes excuses, monsieur le juge, mais ce n'est pas de ma faute.** Mon avocat a enfin réussi à me convaincre que je suis innocent.

L'art de critiquer

Test

1. Füllen Sie die Lücken mit Ausdrücken der Kritik.

Un Ecossais entre dans une blanchisserie.

- Bonjour, madame, je viens chercher le manteau que je vous ai donné à nettoyer il y a deux jours.
- Voilà, monsieur, c'est quatre livres.
- Quatre livres pour un manteau! Mais ....
- Je ...., monsieur, mais il y a un petit supplément pour les chaussettes, les mouchoirs et les torchons que vous avez mis dans les poches.

***

Institutrice: Ce n'est pas .... Tu sais seulement compter jusqu'à dix! Qu'est-ce que tu vas devenir?

Elève: Arbitre de boxe.

***

2. Wie reagieren Sie in dieser Situation?

Vous êtes en train de dîner dans un restaurant élégant. Tout à coup les deux messieurs à la table voisine allument leurs pipes.

a) C'est le comble!
b) Ce n'est pas convenable.
c) Quelle impolitesse?
d) Excusez-moi, mais ça me gêne.

3. Übersetzen Sie:

a) Würde es Ihnen etwas ausmachen, Ihre Zigarette auszumachen?
b) Du gehst mir auf die Nerven. Mach doch nicht so viel Krach.
c) Ich habe die Nase voll. Das ist ja unerträglich.
d) Es tut mir wirklich leid. Das war keine Absicht.

Anweisen, Befehlen, Drohen

Directives, ordres et menaces

Verhaltensänderungen bei Mitmenschen kann man unter anderem durch Gebote, Verbote und Drohungen erreichen. *«Tu ne tueras point»* heißt es in der Bibel. Da das Futur als Gebots- und Verbotsaufhänger in erster Linie Göttern, Propheten und Pfarrern vorbehalten ist, verwenden Polizei und ähnliche Institutionen andere sprachliche Mittel, um uns auf den rechten Weg zu bringen.

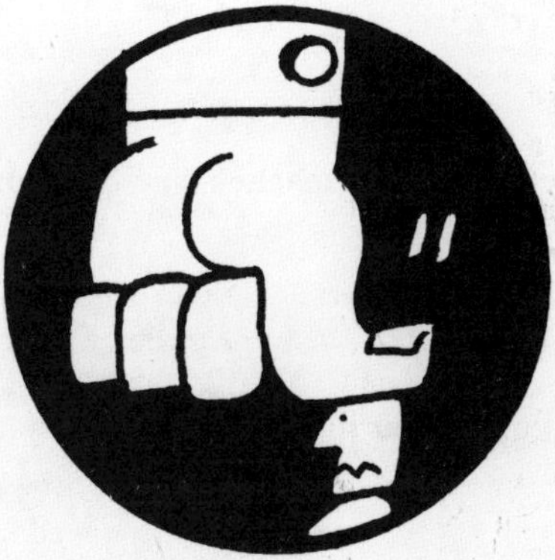

Anweisen, Befehlen, Drohen

1. Anweisungen von existentieller Wichtigkeit

Folgende Redemittel haben schon viele Menschenleben gerettet:

Attention à la marche!	Vorsicht Stufe!
Attention, chien méchant!	Warnung vor dem Hunde!
Fais attention où tu marches.	Paß auf, wo du hintrittst!
Attention, danger d'explosion!	Vorsicht! Explosionsgefahr!

2. Anleitungen praktischer Natur

Zum Beispiel Kochrezepte:

Aussagesätze	Imperativ	Infinitiv
D'abord vous prenez ...	**Prenez ...**	**Secouer [3] avant l'emploi.**
Après vous ajoutez[1] ...	**Ajoutez ...**	**Tenir au frais[4].**
Puis vous mélangez[2] ...	**Mélangez ...**	**Faire bouillir[5].**

Auch Behörden und Ärzte machen Vorschriften oft im Infinitiv:

Ne pas se pencher en dehors.	Nicht aus dem Fenster lehnen!
S'adresser au guichet 12.	Wenden Sie sich an Schalter 12.
Prendre trois gouttes par jour.	Drei Tropfen täglich einnehmen.

Vokabelhilfen: [1] hinzufügen; [2] mischen; [3] vor Gebrauch schütteln; [4] kühl lagern; [5] kochen, sieden.

Directives, ordres et menaces

La jolie Susanne et sa mère vont chez le médecin.
- **Déshabillez-vous,** mademoiselle, dit le médicin.
- Vous vous trompez, docteur, ce n'est pas moi qui suis malade mais ma mère.
- Ah bon, dit le médecin, alors chère madame, **ouvrez** la bouche et **veuillez tirer** la langue, s'il vous plaît.

***

Un général très amoureux va voir son colonel et lui dit:
- **Accordez-moi** la main de votre fille. C'est un ordre!

***

Comment prendre contact à la plage:
D'abord ramasser un coquillage, **le porter à l'oreille, écouter avec attention** pendant quelques moments **puis le tendre à** la jeune fille allongée sur le sable en lui disant:
- On demande la plus charmante créature du monde: ce ne peut être que pour vous, mademoiselle.

***

Recette des crêpes pour six personnes. (Sans blagues!)

Pour 6 personnes vous prenez 250 g de farine, 1/2 litre de lait, du sel, 1 cuillère de sucre vanillé, 4 œufs, 50 g de beurre, un petit verre de cognac.

1. **Prendre** un saladier. **Y mettre** la farine et **la mélanger** avec le sucre vanillé.
2. **Casser** les œufs. **Les ajouter** à la farine.
3. **Y ajouter** le beurre et le cognac.
4. **Ensuite, mettre** un peu de beurre dans une poêle bien chaude.
5. **Y verser** un peu de pâte. **Attention, ne pas la verser** trop vite (et **ne pas en verser** trop).
6. **Faire cuire** la crêpe une minute et demie. **La retourner** et **la laisser** encore une minute et demie.
7. **La servir** avec du sucre ou de la confiture.

Anweisen, Befehlen, Drohen

3. Gebote und Verbote ethischer Natur

Den Lebenswandel der Mitmenschen bessern Sie mit **Imperativen** oder dem **kategorischen Futur:**

Aime ton prochain.	Liebe deinen Nächsten.
Sois sage.	Sei brav.
Ne fume pas autant.	Rauche nicht soviel.
Ne te fais pas prier.	Laß dich nicht immer bitten.
Tu ne tueras point.	Du sollst nicht töten.
Tu prendras un cachet par jour.	Nimm täglich eine Tablette.
Le vol sera puni de prison.	Auf Diebstahl steht Gefängnis.
Vous tâcherez d'être à l'heure.	Seien Sie pünktlich!

Wer die Direktheit des Imperativs oder des Futurs scheut, appelliert an Gewissen, Einsicht und Pflicht mit **devoir und falloir:**

Notwendigkeit steht im Präsens:	**Il faut que tu** sois plus ordonné. **Tu dois** toujours être à l'heure.
Moralische Verpflichtung steht im Konditional I:	**Tu devrais** travailler plus. **Il faudrait que** tu sois honnête.
Verstöße rügt man im Imperfekt:	**Il fallait** dire la vérité. **Tu devais** faire plus attention.

Die Grammatik von **falloir:**
1. **Il faut + Infinitiv:** Man muß ... 2. **Il faut qu'il + Konjunktiv:** Er muß ... 3. **Il lui faut + Infinitiv:** Er muß ...

Directives, ordres et menaces

Une vieille femme s'arrête dans une station-service.
– **Vous me mettrez** un litre d'essence et un dé à coudre d'huile, ordonne-t-elle.
– Certainement, fait l'employé, **Voulez-vous** également **que** je souffle un peu dans vos pneus?

***

Un missionnaire anglais arrive dans un village primitif en Afrique. Aidé par un interprète, il essaie de convertir les sauvages au christianisme:
– Nous sommes tous frères, **il faut** renoncer à la guerre.
Tous les hommes branlent leurs armes et crient: Owambo! Owambo!
– **Vous devez** aimer votre famille mais aussi vos voisins.
Et tout le peuple hurle: Owambo! Owambo!
– Alors, **vous ne tuerez plus.**
Les sauvages encore plus fort: Owambo! Owambo!
Le missionnaire un peu surpris ajoute:
– Et **il faut que** vous connaissiez le vrai Dieu.
Et tous les sauvages crient: Owambo! Owambo!
Peu après, quand ils sont en train de visiter le village, le missionnaire se tourne vers l'interprète et lui dit:
– Cela s'est remarquablement bien passé, n'est-ce pas?
– Hmm ..., je ne sais pas, répond l'interprète, **mais attention! Ne marchez pas dans l'owambo.**

***

Henri IV, amoureux de Mlle d'Entragues, lui demanda:
– Par où **faut-il que** je passe pour aller dans votre chambre?
– Sire, par l'église.

***

Pendant l'entracte, un Belge lit sur le programme de théâtre: «Second acte, une semaine plus tard.» Alors il sort, rentre chez lui et dit à sa femme:
– **Il ne faut pas que j'** oublie d'y retourner la semaine prochaine.

Directives, ordres et menaces

Une dame téléphone au commissariat de police.
– Monsieur le commissaire, devant ma maison, il y a un clochard qui s'est évanoui. Venez vite!
– Je vais vous envoyer un agent. En attendant **il faut** le ranimer avec un peu de cognac.
– Mais je n'en ai pas!
– Allors, **il faut** lui en promettre.

***

Vu cet écriteau dans un bistrot en Normandie:
Nous n'avons confiance qu'en Dieu. Les autres **doivent payer** comptant.

***

Lorsque les soldats anglais débarquèrent en France, un petit guide leur fut distribué. Il contenait cette phrase:
«Les conducteurs de voiture **doivent** se souvenir que, sur le Continent, tous les chauffeurs conduisent sur le mauvais côté de la route.»

***

Le signal d'alarme retentit. Le train s'arrête brusquement. Dans le compartiment d'une vieille dame, d'où le signal est venu, se précipitent le chef du train et plusieurs employés. Etonnée, la vieille dame s'exclame:
– **Il ne fallait pas vous déranger** si nombreux pour une simple tasse de thé!

***

A la nouvelle que son fils s'est converti au catholicisme, un rabbin se suicide. Il arrive au Paradis où il rencontre Dieu.
– **Il ne fallait pas faire** ce geste, lui explique Dieu. Mon fils aussi s'est jadis converti.
– Et qu'avez-vous fait? demande le rabbin à Dieu.
– Un nouveau testament.

Directives, ordres et menaces

A la fin du premier acte d'une comédie, René dit à sa femme:
– Ecoute, je dois m'absenter un moment.
Une ouvreuse lui indique les toilettes. Mais dans le labyrinthe des couloirs il a quand même des problèmes à trouver son chemin. Après vingt minutes, il regagne sa place:
– Le second acte a-t-il déjà commencé, mon amour?
Très, très froidement, sur un ton sec, elle répond:
– **Tu devrais le savoir.** ... Tu en faisais partie.

***

La femme d'un général est en train de mourir. Elle dit à son mari qui lui tient tendrement la main:
– Avant de partir **je dois te dire** la vérité. **Il faut que tu saches** que je t'ai trompé depuis que nous sommes mariés. Mais seulement deux fois. La première fois avec ton lieutenant et la deuxième fois avec le troisième régiment de cavalerie.

***

– Il est malade, votre bouc, dit le vétérinaire à la vieille mère Chabert. Si vous voulez le sauver, **il faut** le tenir au chaud.
– Alors, dit la vieille, je vais le faire coucher dans mon lit.
– Dans votre lit? Mais vous n'y pensez pas, et l'odeur?
– L'odeur, l'odeur! **Il faut bien qu**'il s'y habitue!

***

Il ne faut jamais juger un homme d'après ses fréquentations. Ne perdez pas de vue que Judas avait des amis irréprochables.

***

Le célèbre avocat se rend compte que sa longue plaidoirie a fatigué tout le monde et veut s'excuser auprès du président.
– Je suis désolé d'avoir parlé si longtemps, mais je n'ai pas ma montre sur moi.
– Qu'à cela ne tienne! lui répond le président. **Il fallait** tourner la tête ... Il y a un calendrier derrière vous.

Anweisen, Befehlen, Drohen

4. Die Verben des Befehlens und Forderns

Verben wie **ordonner** und **demander** erlauben zwei Strukturen:

de + Infinitiv	que + Konjunktiv
Je lui ordonne de partir.	**J'ordonne qu'il parte.**
Je te demande de rester.	**Je demande que tu restes.**

Bei der Infinitivkonstruktion erscheint der Befehlsempfänger als Objektspronomen (te, lui) vor dem Befehlsverb.

Weitere Beispiele mit Konjunktiv im que-Satz:

J'exige que ta mère parte.	Ich verlange, daß …
J'attends que tu obéisses.	Ich erwarte, daß …
Je souhaite qu'il reste.	Ich wünsche, daß …
Je désire qu'on me respecte.	Ich wünsche, daß …
Je veux que tu fasses attention.	Ich will, daß …

***

– **J'attends de tous mes employés,** dit l'industriel à l'homme qui se présente pour une place de chauffeur, **qu'ils ne prennent** aucun risque.
– Je suis votre homme, monsieur, répond le chauffeur. Puis-je avoir ma première semaine d'avance?

Directives, ordres et menaces

L'autre jour, j'ai surpris René assis devant une table en train de baigner un de ses doigts dans un verre d'eau.

– Qu'est-ce que tu fais? lui ai-je demandé.
– **Le docteur m'a ordonné de** prendre des bains. Alors je m'y habitue.

***

– Dimanche prochain, dit le curé à ses fidèles, je vous parlerai du mensonge. Afin que mon sermon ne soit pas trop long, **je vous demande de** préparer le chapitre XVII de l'Evangile de Saint-Marc, traitant du mensonge.

Le dimanche suivant, le curé demande:

– Qui a lu le chapitre XVII, comme **je vous l'avais demandé?**

Tous les fidèles lèvent la main. Le curé les regarde longtemps, puis il dit tristement:

– Bon! Je vois que **je suis obligé de** vous faire un long sermon sur le mensonge, **car je dois vous dire** que l'Evangile de Saint-Marc n'a que seize chapitres.

***

Deux gosses, tous les deux enfants de millionnaires, se promènent la main dans la main. Tout à coup, le garçon dit à la jeune fille:

– Tu sais, quand je serai grand, **je veux** que tu sois ma première femme.

***

Mère:	**Je ne veux plus** entendre ces mots grossiers à table.
Fils:	Mais Rabelais et Molière les ont employés aussi.
Mère:	Dans ce cas, **je ne veux pas** que tu joues avec eux.

***

Une starlette raconte à son amie:

– Je l'ai épousé à cause de son yacht. Non seulement il m'a menti sur la longueur de ce yacht, mais en plus, **il exige que je** rame.

5. Sach- und andere Zwänge

Ge- und Verbote, die sich nicht mit Moral oder Ethik rechtfertigen lassen, nennt man Gebote der Stunde oder auch Sachzwänge.

Ausdrücke mit Infinitiv:

Je suis obligé de ...	Ich muß/bin verpflichtet zu ...
Je suis forcé de ...	Ich bin gezwungen zu ...
Il est obligatoire de ...	Es ist Vorschrift, daß ...
Les visiteurs sont tenus/ priés d'ôter leur chapeau.	Besucher werden gebeten, ihren Hut abzunehmen.
Il faut partir maintenant.	Wir müssen nun gehen.

Ausdrücke mit Konjunktiv im que-Satz:

On attend de moi que je ...	Man erwartet von mir, daß ich ...
Il est nécessaire que tu ...	Es ist notwendig, daß du ...
Il est inévitable que je ...	Es ist unvermeidlich, daß ich ...
Il est grand temps que nous ...	Es ist höchste Zeit, daß wir ...
Il faut que tu partes.	Du mußt aufbrechen.

Directives, ordres et menaces

Le bateau va couler. Le capitaine rassemble l'équipage:
- Y en a-t-il un parmi vous qui soit vraiment capable de prier avec ferveur?
- Moi, capitaine, répond un des marins en s'avançant.
- Parfait, dit le capitaine. **Les autres sont tenus de** mettre les gilets de sauvetage. De toute façon, il nous en manque un.

***

Une dame se présente chez le dentiste et lui explique:
- Docteur, **il est inévitable** d'arracher deux molaires complètement pourries, mais je ne veux absolument pas de piqûre d'anesthésie.
- Eh bien, vous avez du courage! Bon, allons-y!

Alors, la dame appelle son mari qui attend à côté:
- Chéri, viens vite! Le docteur attend.

***

Une mère à sa fille de quatorze ans:
- Tu es grande maintenant, ma petite. **Il est grand temps que** nous ayons une petite conversation sur les choses sexuelles.
- Oui, maman. Qu'est-ce que tu veux savoir?

***

Un Texan veut devenir membre du *Club des durs d'Alaska.*
- Pas si vite, lui dit le président du club, avant, **il est nécessaire que** vous passiez trois épreuves. D'abord **il faut** boire une bouteille de whisky, ensuite **vous devez** coucher avec une Esquimeau, et finalement **il faut** danser avec un ours blanc.

Le Texan vide la bouteille de whisky d'un seul trait et sort en titubant. Vers minuit les membres du club le voient revenir, plein de poil et de sang, les vêtements en lambeaux.
- Voilà, bégaie-t-il. Où est l'Esquimeau avec qui **je dois danser?**

Anweisen, Befehlen, Drohen

6. Ge- und Verbote vornehm verpackt

Konditional, Frageform und Höflichkeitsfloskeln wie *s'il vous plaît* und *je me permets de* nehmen Ge- und Verboten etwas an Schärfe:

Puis-je vous demander de fermer la fenêtre?
Je vous demanderais de ne pas fumer ici.
Je me permets de vous rappeler que chez moi, on ne fume pas.
Sortez, s'il vous plaît.

Lautsprecherdurchsagen und Hinweisschilder

Les passagers sont invités à …	Die Reisenden werden gebeten …
Les visiteurs sont priés de …	Die Besucher werden gebeten …

7. Die nackte Drohung

Konsequenzen droht man mit Bedingungssätzen an. Bei der Drohung steht im **Si-Satz** das **Präsens,** im **Hauptsatz Futur I** oder **Präsens.**

Präsens	Futur
Si tu ne fais ce que je te dis,	**je te punirai.**
Si vous me trompez,	**je porterai plainte.**

oder umgedreht:

Futur	Präsens
Tu me le paieras,	**si tu me trompes.**
Tu feras ce que je te dis,	**sinon tu restes à la maison.**

Directives, ordres et menaces

Un Ecossais accompagne sa femme chez le médecin. Celui-ci l'examine et lui dit:
- **Il faut absolument vous faire** opérer de l'appendice. **Cela aurait dû être fait** au moins depuis six ans!

Le mari semble tout à coup très intéressé:
- Depuis six ans, dites-vous? Très bien! Alors, **puis-je vous demander d'envoyer** votre note d'honoraires à mes beaux-parents.

***

«**Les baigneurs sont invités à** redoubler de prudence à partir d'aujourd'hui. Notre maître-nageur n'a pas obtenu l'augmentation de salaire qu'il avait sollicitée.»

***

Vu une affiche dans une piscine parisienne:
«**Les dames sont priées de** ne pas ennuyer le maître-nageur, sauf si elles se noient réellement.»

***

La femme de Jean n'est pas contente:
«**J'en ai assez!** Avant-hier soir tu es rentré hier matin; **si ce soir tu rentres demain, je demanderai le divorce.**»

***

Un mari qui rentre d'un voyage plus tôt que prévu trouve sa femme au lit et sur la table de nuit, dans un cendrier, un gros cigare. Il se met à hurler:
- Tu vas me dire tout de suite d'où vient ce cigare, sinon …
- Mais je ne sais pas, je ne comprends pas …
- Dis-moi immédiatement d'où vient ce cigare, **sinon je te tue!**

Et on entend une voix masculine, tremblante qui sort du placard:
- De la Havane, monsieur!

Directives, ordres et menaces

Test

1. Übersetzen Sie die deutschen Anweisungen in Klammern.

– Mes enfants, dit le curé, **(was muß man tun)** pour que Dieu nous pardonne nos péchés?

Une petite fille lève le bras:

– D'abord, **(Man muß)** pécher!

***

Le nouveau médecin d'un petit village dont les habitants jouissent d'une santé très robuste, n'a presque pas de patients. Un jour, sa secrétaire vient l'avertir:

– Docteur, il y a toute une bande de gamins dans votre jardin en train de voler les pommes vertes. **(Soll ich)** les chasser?

– Le docteur réfléchit un moment et répond:

– Non, non, surtout pas!

***

Un candidat aux éléctions harangue la foule:

– **(Wir fordern, daß man)** en finisse avec le capitalisme. Le capitalisme, c'est l'exploitation de l'homme par l'homme.

– Et le communisme, lance un auditeur, qu'est-ce que c'est le communisme?

– Le communisme, c'est le contraire.

2. Wie sagen Sie ...

a) dem Kellner, daß er die Karte bringen soll?

b) dem Sohn, daß er immer die Wahrheit sagen muß?

c) dem Ehemann, daß er nicht soviel hätte trinken sollen?

d) dem Beifahrer, daß es Vorschrift ist, den Sicherheitsgurt (ceinture de sécurité) anzulegen?

e) dem Freund, daß er eigentlich weniger rauchen sollte?

f) der Familie, daß es höchste Zeit ist, aufzubrechen?

Redemittel der Unsicherheit

Le français du doute

Hier lernen Sie, mit Zweifeln, Ungewißheit und Unwissenheit sprachlich umzugehen. Dieses Kapitel sei all jenen gewidmet, die mit den überlegenen, von diesen Schwächen verschonten Zeitgenossen leben müssen.

Redemittel der Unsicherheit

1. Zögern auf Französisch

Mit den Redemitteln des Zögerns vermeiden Sie vorschnelle Entscheidungen und gewinnen Zeit zum Nachdenken.

J'hésite.	Ich weiß nicht recht.
Ça demande réflexion.	Das will überlegt sein.
Laisse-moi réfléchir.	Lasse mich überlegen.
Je ne peux pas me décider.	Ich kann mich nicht entscheiden.
Je n'arrive pas à me décider.	Ich kann mich nicht entschließen.
C'est difficile à décider.	Das ist schwer zu entscheiden.
C'est une décision difficile.	Das ist eine schwere Entscheidung.
Difficile à dire.	Schwer zu sagen.
Je suis toujours indécis.	Ich bin noch immer unentschlossen.

***

Jean: **Je me demande** à quelle famille la baleine appartient?

Père: **Hm ... Laisse-moi réfléchir ... Je ne sais pas,** mais je suis sûr qu'elle n'appartient à aucune famille du quartier.

Vokabelhilfe: la baleine: der Walfisch; **appartenir à:** gehören zu.

Le français du doute

– Vos intentions concernant Angélique, sont elles honorables ou déshonorables? demande le père inquiet au nouvel ami de sa fille.
– Euh ... **alors là, j'hésite.** Je ne savais pas que j'avais le choix.

***

Un étudiant passe un examen de sociologie. Le professeur lui demande:
– Est-ce que la criminalité augmente ou diminue?
– **Euh ... c'est difficile à dire.** ... Elle diminue, je suppose, car à l'époque de Caïn et Abel, il y avait cinquante pour cent d'assassins.

***

René: **Je ne suis pas tout à fait certain** si je dois m'engager dans la peinture ou dans la poésie.
Yves: **C'est une décision difficile.** Mais je vous conseille de devenir poète.
René: Vous avez lu mes poèmes?
Yves: Non, mais j'ai vu vos tableaux.

***

Un étudiant passe un examen de médecine.
– Pouvez-vous me dire, demande le professeur, où se trouve l'appendice chez l'homme?
– A droite.
– Et chez les femmes?
– A gauche.
– Vous en êtes sûr?
– **Euh ... laissez-moi réfléchir.** C'est à dire à gauche en entrant.

***

– Un chat noir porte-t-il malheur? demandait-on à un voyant célèbre.
– **Hm ... difficile à dire. Cela dépend peut-être** si l'on est un homme ou une souris.

Redemittel der Unsicherheit

2. Wie man seine Unsicherheit ausdrückt

Je ne suis pas sûr(e) que …	Ich bin nicht sicher, daß …
Je ne suis pas certain(e) que …	Ich bin nicht sicher, daß …
***Il* n'est pas sûr que …**	*Es* ist nicht sicher, daß …
***Il* n'est pas certain que …**	*Es* ist nicht gewiß, daß …

Nach diesen Ausdrücken der Unsicherheit steht im que-Satz Konjunktiv:

Je ne suis pas sûr(e) **qu'il vienne.**
Il n'est pas certain **que je le fasse.**

Weitere Ausdrücke der Unsicherheit:

Je n'en suis pas tout à fait certain(e).	Ich bin mir dessen nicht ganz sicher.
Je n'en suis pas trop sûr(e).	Da bin ich mir nicht so sicher.
Je me demande si c'est vrai.	Ich frage mich, ob das richtig ist.
On ne sait jamais.	Man kann nie wissen.
Je peux me tromper, mais …	Ich kann mich täuschen, aber …
Peut-être.	Vielleicht.

Le français du doute

Vu à la porte de St. Pierre à Rome:
Seuls le Pape et moi sommes infaillibles –
mais quant à lui, **je n'en suis plus sûr.**

***

Le curé est en train d'expliquer à son troupeau la différence entre *certitude* et *foi.*

– Prenons en exemple René Dupond, sa femme et leurs quatre enfants que j'aperçois parmi nous au premier rang. Eh bien, Madame Dupont est sûre que ce sont ses enfants. Elle en a la *certitude.* Tandis que Monsieur Dupont, lui, **il n'en est pas certain.** Il ne peut qu'espérer que ce sont ses enfants. Voilà ce qu'on appelle *la foi.*

***

Au restaurant, un client indigné appelle le garçon.

– Garçon, garçon, regardez-moi ça! Qu'est-ce que c'est que ça dans ma soupe?
– **Je ne suis pas sûr.** Ces insectes, vous savez, c'est tout un.

***

Une ravissante jeune fille vient d'être opérée de l'appendice. Le professeur est en train de l'examiner. Il lève la couverture et l'aide à se déshabiller.

– **Je me demande,** dit-il, si l'on s'occupe de vous comme il faut.
– Ne vous en faites pas, répond-elle, vous êtes déjà le dix-huitième docteur à m'examiner ce matin.

***

«**Je me demande pourquoi** on ne bâtit pas les villes à la campagne. L'air y est tellement plus pur.»

Joseph Prudhomme

***

Juge: Votre alibi est ridicule. Vous me prenez pour un imbécile?

Accusé: Monsieur, pas du tout, mais **je peux me tromper.**

Redemittel der Unsicherheit

3. Seine Zweifel versprachlichen

Ça m'étonnerait qu'il le fasse.	Es würde mich wundern, wenn er es täte.
Je doute fort qu'il vienne.	Ich bezweifle stark, daß er kommt.
Alors là, j'ai mes doutes.	Also, da habe ich meine Zweifel.
Rien ne permet de penser que …	Nichts deutet darauf hin, daß …
Rien ne prouve que …	Nichts beweist, daß …

4. Gedächtnis- und Wissenslücken eingestehen

Oft ist es angebracht, dem Eingeständnis der eigenen Unwissenheit eine kurze Entschuldigung vorauszuschicken:

Désolé(e) mais je ne me souviens plus …	Tut mir leid, aber ich kann mich an … nicht mehr erinnern.
Je m'excuse. Je ne me rapelle plus votre nom.	Entschuldigen Sie bitte. Mir ist Ihr Name entfallen.
Je vous prie de me pardonner, mais je ne savais pas que …	Entschuldigen Sie bitte, aber ich wußte nicht, daß …

Le français du doute

– Est-ce que vous reconnaissez l'accusé? demande le juge au témoin. Est-ce l'homme qui a volé votre voiture?
– En principe, c'est bien lui. Mais après avoir écouté la plaidoirie de son avocat, **je doute fort** avoir jamais possédé une voiture.

***

Deux chats regardent un oiseau dans sa cage:
– **Je doute que ce** soit un serin, dit le premier. Les serins ne sont pas verts.
– **On ne sait jamais,** dit l'autre. C'est peut-être un serin qui n'est pas encore mûr.

***

Juge:	Accusé, est-ce que vous maintenez toujours que le portefeuille en question vous appartient.
Accusé:	Euh … en ce qui concerne le portefeuille, **je commence à avoir mes doutes.** Mais les billets de cent francs, ils me semblent très familiers.

***

Inscription vue sur la vitrine d'un brocanteur:
«**Si vous ne savez pas trop** ce dont vous avez envie, entrez donc, nous l'avons.»

***

Le pasteur dit au proviseur d'un lycée parisien un peu distrait:
– Je n'approuve pas l'éducation moderne en ce qui concerne les choses sexuelles. Moi, par exemple, je n'ai jamais couché avec ma femme, avant que nous ne soyons mariés. Et vous, monsieur le proviseur?
– Heu …, fait le proviseur, **je m'excuse, mais pourriez-vous me rappeller son nom de jeune fille.**

Redemittel der Unsicherheit

Weitere Redemittel der Unwissenheit:

Mit diesen Redemitteln können Sie Ihre Wissenslücke zehnmal variieren:

Je ne sais pas au juste si ...	Ich weiß nicht genau, ob …
Je ne sais pas trop si ...	Ich weiß nicht recht, ob …
Je ne sais pas qu'en penser.	Ich weiß nicht, was ich davon halten soll.
On ne sait plus où on en est!	Man weiß nicht mehr, woran man ist.
Je ne comprends pas ...	Ich verstehe nicht.
Je n'y comprends plus rien.	Ich verstehe überhaupt nichts mehr.
Je n'en ai pas la moindre idée.	Ich habe nicht die geringste Ahnung davon.
Je n'ai jamais entendu parler de ça.	Ich habe noch nie etwas davon gehört.
Cela me dépasse.	Das ist zu hoch für mich.
Aucune idée!	Keine Ahnung.

Le français du doute

Un monsieur essaie de remplir un mandat avec le stylo de la poste, mais en vain. D'un air moqueur il dit à l'employé derrière le guichet:

– Dites-moi, monsieur, est-ce avec ce stylo que Napoléon a signé son abdication?
– **Je n'en sais rien,** répond l'employé, car je ne suis ici que depuis quinze jours.

***

Une jeune femme en uniforme, membre de l'Armée du Salut harangue les clients d'un bar:

– Mes frères, il faut vous convertir. **Nous ne savons pas de quoi demain sera fait.** Je peux vous citer mon cas en exemple. J'ai vécu dans l'incertitude. Aujourd'hui je suis dans les bras de mon mari. Demain, je serai peut-être dans les bras du Seigneur!

Alors, un des buveurs l'interrompt:

– Vous êtes libre après-demain?

***

Un hérisson tourne un moment autour d'une brosse. Tout d'un coup il se jette sur elle et lui monte dessus. Désabusé, il en redescend aussitôt en murmurant:

– Avec ce mode unisexe, **on ne sait plus où on en est!**

***

Près d'un village en Sicile, dans le fossé de la route, deux tueurs de la mafia sont en embuscade pour assassiner le juge de Palermo.

– On ne peut pas le manquer, dit l'un. Sa voiture passe par ici chaque jour à neuf heures pile.

L'horloge de l'église sonne neuf heures, neuf heures et demie, dix heures – toujours pas de juge.

– **Je ne comprends pas,** dit l'autre finalement. Espérons que rien ne lui sera arrivé.

Le français du doute

Test

1. Übersetzen Sie die Redemittel in Klammern.

Malentendu entre deux dactylos:
– Est-ce que tu fumes après l'amour?
– **(Ich weiß nicht.)** Je n'ai jamais regardé.

***

– Comment est-ce qu'on fait monter quatre éléphants en voiture?
– **(Ich habe nicht die leiseste Ahnung).**
– C'est simple. Deux à l'avant et deux derrière.

***

Question pour les amateurs de science-fiction:
– Quelle est la différence entre E. T. et un Allemand de la RDA?
– **(Keine Ahnung).**
– E. T. veut rentrer.

2. Reagieren Sie auf Monsieur Optimiste als Skeptiker und Pessimist.

Monsieur Optimiste dit:	**Monsieur Pessimiste répond:**
a) Il n'y a aucun doute que l'Allemagne dominera l'Europe.	Alors là, j'ai ....
b) Je suis absolument sûr qu'il y a une vie après la mort.	Je n'en suis pas ....
c) Une guerre mondiale n'est plus possible. C'est hors de doute.	Je n'en suis pas tout ....
d) Nous allons tous profiter du marché commun. J'en suis cent pour cent sûr.	Je n'y .... rien. Mais ça m' .... que toi et moi, nous en profitions.

Seiner Sache sicher sein

Etre sûr de son fait

Wo man recht hat, will man auch recht behalten. Ihre Selbstsicherheit bringen Sie im Brustton der Überzeugung und den Redemitteln der Gewißheit zu Gehör.

Seiner Sache sicher sein

1. Die Basisstrukturen der Gewißheit

Wer sich seiner Sache ganz sicher ist, drückt es mit einer der folgenden Strukturen aus[1]:

Persönliche Konstruktion:	**Je suis sûr(e) certain(e)** qu'il viendra. Ich bin sicher, daß er kommt.
Unpersönliche Konstruktion:	***Il* est sûr/certain qu**'il viendra. *Es* ist sicher, daß er kommt.
Aussage folgt:	**C'est sûr/certain:** il viendra.
Aussage geht voran:	Il viendra, **j'en suis sûr(e).** Il viendra. **C'est certain.**

Verallgemeinerungen sind oft ein Indiz dafür, daß sich die Behauptung nicht beweisen läßt:

Il est évident que ...	Es ist offensichtlich, daß ...
Il est incontestable que ...	Es ist unbestreitbar, daß ...
Il faut admettre que ...	Man muß zugeben, daß ...
Il faut reconnaître que ...	Man muß einsehen, daß ...
On a prouvé que ...	Es ist bewiesen, daß ...

[1] Sind diese Ausdrücke verneint, steht im que-Satz Konjunktiv, siehe S. 192.

Etre sûr de son fait

Deux garçons bavardent, en revenant du catéchisme:
- Tu crois vraiment, demande l'un, que le diable existe?
- J'en sais rien, fait l'autre, en tout cas, **une chose est sûre:** pour le Père Noël – c'est papa.

***

Un couple dont la femme est vraiment très maigre, visite une exposition de tableaux. Ils s'arrêtent devant chaque tableau et la femme demande:
- Ce tableau, c'est un Goya?
- Non, chérie, c'est un Rubens.
- Mais celui-ci, c'est un Buffet, **j'en suis sûre.**
- Mais non, chéri, c'est un Braque!
- Alors là, c'est un Renoir, **c'est certain.**
- Non, ma chérie, c'est un Degas.

Ils continuent leur visite. Arrivés au bout de la galerie, la dame s'exclame:
- Alors là, **je suis absolument certaine,** c'est un Picasso!
- Non, ma chérie, c'est un miroir.

***

Un journaliste questionna Einstein sur l'armement de l'avenir:
- Quelles armes utiliseront les hommes au cours de la troisième guerre mondiale?
- Je l'ignore, mais **je suis sûr que** pour la quatrième, ils utiliseront des massues.

***

Un malade, inquiet, questionne son médecin:
- **Etes-vous certain,** docteur, que vous réussirez à me tirer de là?
- **Une chose est sûre,** répond le docteur: Si j'y parviens, j'aurai ma photo à la une de tous les journaux.

Seiner Sache sicher sein

2. Sich vergewissern – andere verunsichern

Die Frageform hat zwei Funktionen. Sie ist eine Bitte um zusätzliche Fakten und Beweise, die Gewißheit verschaffen sollen. Mit gehobenen Augenbrauen und entsprechendem Tonfall hingegen kann man Behauptungen in Frage stellen:

Es-tu sûr(e) qu'il a volé l'argent?	Bist du sicher, daß er das Geld gestohlen hat?
Etes-vous certain(e) que c'est le bon chemin?	Sind Sie sicher, daß dies der richtige Weg ist?
Est-il certain que nous avons gagné?	Ist es sicher, daß wir gewonnen haben?
Est-ce vrai que les gens maigres sont plus intelligents?	Stimmt es, daß magere Menschen intelligenter sind?
C'est vrai?	Stimmt das? Ist das wahr?

***

– Hier soir, j'ai été invité chez des amis naturistes. Chez eux, tout le monde est nu! Même le valet de chambre qui reçoit à l'entrée.
– S'il était nu, **comment peux-tu être certain** que c'était le valet de chambre?
– Parce que j'ai bien remarqué que ce n'était pas la femme de chambre.

Etre sûr de son fait

«Chérie, dit René à sa femme, les gens sur la plage affirment avoir aperçu un monstre marin. **Es-tu certaine que** ta mère ne nous a pas suivis?»

***

Anne: Papa, j'attends un bébé.
Père: Une minute! **Es-tu sûre,** au moins, que cet enfant est bien de toi?

***

Etudiant: **Est-ce vrai,** professeur, qu'en général, les gens maigres sont intelligents?
Professeur: Oui, mon gros!

***

Un agent de police arrête un automobiliste qui vient de s'engager dans un sens interdit.
– **Vous êtes sûr d**'aller dans la bonne direction, monsieur? demande l'agent.
– Oh! oui, **j'en suis sûr!** Mais je me dépêche! Je dois être en retard parce que je vois tous les autres qui reviennent.

***

– Le secret du succès, explique un millionnaire, tient en un seul mot: *Patience.* Avec de la patience on peut TOUT faire.
– Tout? **Etes-vous certain?** ricane un de ses auditeurs.
– **Absolument sûr.**
– Vous pourriez, par exemple, transporter de l'eau dans une passoire?
– **Certainement.** En ayant la patience d'attendre qu'il gèle.

***

On demandait à un vieux médecin de campagne:
– Les gens pourraient-ils vivre aussi bien sans l'appendice?
– **J'en suis absolument certain,** fit-il en souriant. A l'exception, toutefois, des chirurgiens.

Seiner Sache sicher sein

3. Absolute Sicherheit

Umständliche Erläuterungen verraten Unsicherheit.
Je kürzer die Antwort, desto sicherer geben Sie sich:

Il n'y a aucun doute.	Es besteht überhaupt kein Zweifel.
C'est hors de doute.	Das steht außer Zweifel.
Il n'y a pas l'ombre d'un doute!	Es besteht nicht der leiseste Zweifel!
J'en suis absolument sûr.	Ich bin mir dessen absolut sicher.
J'en suis sûr et certain.	Ich bin mir dessen absolut sicher.
J'en suis cent pour cent sûr.	Ich bin mir hundert Prozent sicher.

Gewißheit – kurz und bündig:

Sûrement.	Sicher!
Bien sûr.	Sicher. Gewiß.
Certainement.	Gewiß!
Certes.	Gewiß!
Sans aucun doute!	Kein Zweifel!
C'est un fait!	Das ist eine Tatsache.

Etre sûr de son fait

En 1940, des paléontologues découvrent un squelette. Ils pensent qu'il doit s'agir de celui de Gengis Khan. Staline envoie un agent du KGB pour mener l'enquête. Après une semaine, l'agent rentre à Moscou pour faire son rapport.
– C'est bien Gengis Khan. **Il n'y a pas l'ombre d'un doute.**
– **Comment pouvez-vous en être sûr?** demande le dictateur.
– Il a avoué, répond l'homme du KGB.

***

– Si vous aviez à refaire votre vie, demande un reporter à Barbara Hutton, épouseriez-vous les mêmes hommes?
– **Sans aucun doute,** répond la riche héritière, mais certainement pas dans le même ordre.

***

– Jacques, hurle le père, tu as pris de l'argent dans mon portefeuille!
– **Es-tu sûr que** c'était lui? dit la mère. Pourquoi ne m'accuses-tu pas?
– **Il n'y a aucun doute,** car quand c'est toi, il ne reste rien!

***

Le professeur fait un cours de philosophie:
– Il n'y a que les imbéciles qui ne doutent jamais. L'homme intelligent est celui qui remet sans cesse en question ses croyances. L'imbécile, par contre, est toujours très affirmatif.
– **Vous en êtes persuadé, monsieur?**
– **J'en suis absolument sûr! C'est un fait!**

***

Un Ecossais va chez le fleuriste et achète un énorme bouquet de roses pour l'anniversaire de sa femme. Etonné le vendeur lui dit:
– Quel joli cadeau! Cela fera une belle surprise à votre femme.
– Oh! **sûrement!** répond l'Ecossais. Je lui avais promis une voiture de sport.

Seiner Sache sicher sein

4. Wetten, Annahmen und Vermutungen

Je parie que …	Ich wette, daß …
Je te parie 10 francs que …	Ich wette mit dir um 10 Francs …
Je suppose que …	Ich vermute/nehme an, …
Cela doit être le facteur.	Das muß der Briefträger sein.
Elle a dû être très belle.	Sie muß sehr schön gewesen sein.
J'ai l'impression que …	Ich habe den Eindruck, daß …
Il me semble que + Ind.	Es scheint mir, daß …
Il semble que + Konj.	Es scheint so, als ob …
Il est triste, semble-t-il.	Es scheint, daß er traurig ist.
On dirait que …	Man könnte meinen, daß …
Peut-être viendra-t-il.	Vielleicht kommt er.
Il est probable que …	Es ist wahrscheinlich, daß …
Il viendra **sans doute.**	Er kommt wahrscheinlich.
Il est probablement malade.	Er ist wahrscheinlich krank.

Etre sûr de son fait

A Monaco, une jeune fille entre dans le supermarché en face d'un music-hall et s'adresse au vendeur:
– J'achète toutes vos réserves d'œufs et de tomates, monsieur.
– Vous allez voir le concert de Stéphanie de Monaco, **je suppose.**
– Oui et non, Stéphanie de Monaco, c'est moi.

***

Lady Astor: Winston, vous vieillissez. Et on a prouvé que même les enfants très doués deviennent idiots à un âge avancé.

Churchill: Comme vous savez, j'étais un élève assez médiocre, mais **vous avez dû** vous-même **être** une enfant particulièrement douée.

***

– Dis, papa, où est le Portugal?
– Euh ... va chercher une carte de la région. **Ça ne peut pas être loin,** puisque, tous les matins, à l'usine, Pédro, qui est Portugais, il vient en mobylette.

***

Le président Mitterrand est invité par Madame Thatcher à bord de son yacht. Pendant tout le dîner, il semble ne s'intéresser qu'à une jeune femme qui défend la cause de mineurs en grève. Finalement, son hôtesse, un peu jalouse, lui pose cette question:
– Si nous tombions à l'eau toutes les deux, laquelle vous semblerait digne d'être secourue la première.
– **Je parie,** madame, **que** vous nagez comme un ange.

***

Un automobiliste ouvre les yeux sur un lit d'hôpital. Avec surprise, il regarde son voisin de lit.
– Hm ... Je peux me tromper, **mais il me semble** vous avoir déjà rencontré.
– **C'est vrai!** reconnaît l'autre, c'est pour ça que nous sommes ici tous les deux.

Etre sûr de son fait

Test

Übersetzen Sie die Ausdrücke in Klammern.

1.

(Es scheint mir), ma petite fille, que tu as des nuits plutôt agitées. Il faudrait te calmer un peu.
– Mais voyons, maman, puisque je vais me marier …
– Marier, toi? **(Ist das sicher?)**
– **(Gewiß!)** Ils me l'ont promis.

2.

Un jeune homme, qui a servi dans l'armée en Asie, montre son album de photos à ses futurs beaux-parents.
– Et voilà, dit-il fièrement, je suis en tête à tête avec un orang-outan.
La mère regarde la photo et dit timidement:
– **(Ich nehme an, daß)** c'est vous, à gauche, avec la casquette.

3.

Un journaliste interviewe un metteur en scène américain.
– **(Ich wette, daß)** vous avez reçu beaucoup de lettres, après votre film sur Babylone.
– En effet.
– **(Wahrscheinlich)** des gens vous faisaient remarquer que la présence d'automobiles dans une scène constituait un anachronisme?
– Non. Mais de personnes qui s'étonnaient de voir des voitures porter des numéros habituellement réservés à la Californie.

«Da staunt der Laie ...»

Exprimer étonnement et surprise

Auch in Frankreich «staunt der Laie, und der Fachmann wundert sich». Mit den Redemitteln dieses Kapitels können Sie in sechs Varianten mitstaunen. Staunen Sie über die Erzählungen Ihrer Gastgeber, und Sie werden ein gern gesehener Gast.

«Da staunt der Laie ...»

1. Die Basiswörter des Staunens und der Überraschung

Form	Staunen	Überraschung
Verb:	(s')étonner	surprendre
Adjektiv:	étonnant(e)	surprenant(e)
Substantiv:	l'étonnement	la surprise

Ihr Erstaunen können Sie so ausdrücken:

Ton succès m'étonne.	Ich staune über deinen Erfolg.
Vous m'étonnez.	Sie erstaunen mich.
Cela m'étonne.	Das wundert mich.
C'est étonnant.	Das ist erstaunlich.
A mon grand étonnement ...	Zu meiner großen Verwunderung ...

Und so geben Sie sich überrascht:

Vous m'avez surpris(e).	Sie haben mich überrascht.
C'est surprenant.	Das ist eine Überraschung!
C'est une bonne surprise!	Das ist eine gute Überraschung!
A ma plus grande surprise ...	Zu meiner größten Überraschung ...

Exprimer étonnement et surprise

Une dame, à la fin d'une soirée, lance à son mari:
- **C'est vraiment étonnant,** mon chéri, **ce que** deux verres de champagne peuvent te transformer physiquement!
- Mais, je n'ai pas bu de champagne!
- Moi, si! réplique la dame.

***

Dans le parc, René voit son médecin qui, muni d'un chevalet et de pinceaux, est en train de peindre le paysage.
- **Vous m'étonnez, docteur.** Vous faites maintenant des tableaux?
- Oh, vous savez, juste pour tuer le temps!
- **Tiens! tiens!** vous n'avez donc plus assez de clients?

***

Un voyageur penché à la fenêtre d'un train traversant la Suisse s'exclame:
- **Formidable! Incroyable!**

Son voisin lui dit enfin:
- Je vous demande pardon, monsieur, mais dites-moi, qu'est-ce qu'il y a de si étonnant?
- C'est pas le paysage que je trouve formidable, **ce qui m'étonne c'est** le coup d'œil du mécanicien quand il vise les tunnels.

***

Deux dames bavardent:
- Ma chère, j'ai un perroquet **fantastique.** Il a pour les imitations un don **époustouflant! Il m'étonne tous les jours.** Il imite tout! Il parvient même à imiter mon mari en train de jouer du violoncelle! **C'est quelque chose, ça, non?**
- Ah oui! **Là, tu m'étonnes!** Imiter ton mari jouant du violoncelle … Dis donc! Pour un perroquet, ce doit être particulièrement difficile.
- Oh, oui! Surtout pour tenir l'instrument.

2. Verblüffte Fragen

erstaunliche Ereignisse:	erstaunliches Verhalten:
Qu'est-ce qu'il y a?	**Qu'est-ce que tu as?**
Qu'est-ce qui se passe?	**Qu'est-ce qui t'arrive?**
Qu'est-ce que ça veut dire?	**Qu'est-ce que tu fais là?**
Qu'est-ce que cela signifie?	**Qu'est-ce que tu fous là? (fam.)**

Je nach Tonfall können diese Redemittel auch Kritik ausdrücken.

3. Mildes Erstaunen und leichte Überraschung

Je ne m'y attendais pas.	Das habe ich nicht erwartet.
C'est quand même étonnant.	Das ist doch erstaunlich.
N'est-ce pas surprenant?	Ist das nicht überraschend?
C'est bizarre.	Das ist eigenartig/sonderbar.
C'est impressionnant.	Das ist beeindruckend.

4. Sehr erstaunt und überrascht sein

Quelle surprise!	Was für eine Überraschung!
Pour une surprise, c'est une surprise!	Das ist aber eine gelungene Überraschung!
C'est extraordinaire!	Das ist außergewöhnlich!
C'est admirable!	Das ist bewundernswert!
C'est épatant/frappant!	Das ist verblüffend!
C'est époustouflant!	Das ist verblüffend!
Je n'en reviens pas!	Ich kann es nicht fassen!

Exprimer étonnement et surprise

Le souverain d'une petite tribu est invité à participer à une chasse diplomatique. Quand il voit passer un des garde-chasses blessé, allongé sur une civière, le roi dit à son voisin:
– **Qu'est-ce qui se passe? On les tire?** C'est stupide, j'en ai laissé passer plusieurs.

***

Les Anglais ne sont pas bavards. Après cinq heures de marche, à travers le Sahara, Lord Sinclair a adressé quand même ces quelques mots à son guide: **«Je ne m'y attendais pas! Quelle plage!»**

***

Dans un compartiment de train, les voyageurs sont absorbés dans leurs journaux.
– **N'est-ce pas surprenant?** fait soudain l'un d'eux, les statistiques indiquent qu'à chaque fois que je respire un homme meurt!
– Alors, dit son voisin, pourquoi n'essayez-vous pas un dentifrice à la chlorophylle?

***

Dans un bar, trois hommes et un chien jouent au poker.
– **Mais c'est vraiment extraordinaire,** s'écrie un des clients. Dresser un chien comme ça!
– Mais il perd tout le temps, dit un des joueurs. Chaque fois qu'il a de bonnes cartes, il remue la queue.

***

Une femme très snob a fait faire par un artiste moderne son portrait. Quand la toile est prête, elle envoie son mari la chercher.
– **Oh! la ressemblance est frappante,** dit-il à l'artiste. Ma femme ne vas pas être contente.

«Da staunt der Laie ...»

5. Ungläubiges Staunen

Je ne savais pas que ...	Ich wußte nicht, daß ...
Je ne comprends pas!	Das verstehe ich nicht.
J'ai du mal à le/y croire!	Es fällt mir schwer, das zu glauben.
Je n'arrive pas à y croire.	Das kann ich nicht glauben.
Je n'aurais jamais cru cela.	Das hätte ich nie geglaubt.
Ce n'est pas possible!	Ist das die Möglichkeit!
C'est incroyable!	Das ist unglaublich!

Manche Redemittel zeigen, daß Erstaunen und Überraschung sich auch auf Körper und Geist schlagen können:

Je suis resté(e) bouche-bée.	Ich habe Bauklötze gestaunt.
Je suis tombé(e) sur le cul. (fam.)	Das hat mich umgehauen. (familiär)
Je n'en croyais pas mes yeux/oreilles.	Ich habe meinen Augen/Ohren nicht getraut.
Je rêve ou quoi?	Ich glaub', ich träume!
On croit rêver.	Das ist wie im Traum.

Exprimer étonnement et surprise

Juge: Combien avez-vous de frères?
Accusé: Deux.
Juge: **Je ne comprends pas.** Je viens de parler à votre sœur et elle m'a affirmé qu'elle en avait trois.

***

Un riche paysan français rentre d'un voyage en Asie. Au bistrot du village, il raconte ses aventures à ses amis.
– Vous savez, dit-il, ces maharadjahs indiens, eux, ils possèdent parfois cent vaches et deux cents femmes.
– **C'est incroyable!** s'étonne un vieux éleveur. Cent vaches! **C'est énorme!**

***

Un riche Américain est en vacances à Paris pour assister une fois à une représentation à l'Opéra de Paris. Au guichet, il se renseigne sur le programme.
– On donne Carmen ce soir, lui dit-on.
– **Ce n'est pas possible!** s'étonne l'Américain. Eh bien, vous êtes bigrement en retard à Paris. A New York, on a donné cet opéra il y a trois ans.

***

René: Moi, en général, un seul verre suffit pour que je sois complètement saoûl.
Jean: **C'est pas vrai!**
René: Si, si! En général, c'est le onzième.

***

René et Annette qui ont bien arrosé leur soirée rentrent à la maison en voiture. Tout à coup Annette s'écrie:
– Attention, René! Tu as failli écraser ce monsieur à bicyclette!
– **Je rêve ou quoi?** s'exclame René. Ce n'est donc pas toi qui conduis?

6. Ausrufe des Staunens und der Überraschung

Comme tu es grand!	Wie groß du bist!
Qu'est-ce qu'il est grand!	Ist der aber groß!
Ce qu'il est intelligent!	Wie intelligent er ist!
Qu'il est bête!	Der ist vielleicht dumm!
Quelle mémoire!	Was für ein Gedächtnis!

Siehe auch Kapitel 5, S. 82

Ungläubiges Staunen in seiner kürzesten Form:

Sans blague!	Wirklich? Im Ernst?
Tiens!	Ha! Na so was!
Quoi? Hein!	Was?
Comment?	Wie?
Ma parole!	Du meine Güte!
Par exemple!	Also so was!
Ça alors!	Also so etwas!
Pas vrai!	Wirklich? Ist nicht wahr!

7. Die Grammatik des Überraschtseins und des Staunens

Die Verben **étonner** und **surprendre** kommen in drei Strukturen vor:

	Je suis très étonné(e) **Je suis surpris(e)**	**de ton succès.** **de votre réaction.**
	Cela m'étonne **Cela me surprend** Haupt- und Nebensatz haben dasselbe Subjekt	**de te revoir.** **de te voir de retour.**
	Je suis surpris(e) **Je suis étonné(e)** Haupt- und Nebensatz haben versch. Subjekte	**que tu sois venu(e).** **que cela te plaise.**

Exprimer étonnement et surprise

Dans la brousse, un éléphant rencontre une souris.
– **Comme tu es grand, comme tu es gros!,** dit la souris.
– **Comme tu es petite, comme tu es maigre,** fait l'éléphant.
– Ah! oui, dit la souris, mais moi, j'ai été malade!

***

En Pologne, un Polonais entre dans un magasin.
– Je voudrais un kilo de caviar, annonce-t-il au marchand.
– Mais, balbutie celui-ci, nous n'en avons plus depuis longtemps.
– Alors un kilo de saumon.
– Mais, nous n'en avons pas non plus depuis plusieurs années.
Le client s'en va, très déçu. Et le marchand de murmurer:
– Ce type-là, quand même, **quelle mémoire!**

***

Par un chaud après-midi, une mère, un père et leur fils d'une dixaine d'années, s'installent à la terrasse d'un café.
– Deux bières, s'il vous plaît! dit le père au garçon.
– **Ça alors,** s'étonne le gamin. Et maman, elle ne boit pas?

***

Un Anglais rentre d'Afrique où il a passé une dixaine d'années.
– Au fait, lui demande un ancien camarade de collège, qu'est devenu John qui était allé là-bas avec toi?
– Il y est resté. Il vit maintenant très heureux avec un gorille.
– **Quoi!** Un gorille? Mâle où femelle?
– Femelle, bien sûr. John a toujours été un homme normal.

***

– Qu'est-ce que tu as fait à Paris?
– Je suis allé voir Toulouse-Lautrec.
– **Sans blague?**Je suppose que Toulouse a gagné.

***

Dans un avion, au milieu des manœuvres, on appelle le lieutenant:
– Lieutenant, vite! Il y a Dupont qui va sauter sans parachute!
– **Quoi!** Encore!

Exprimer étonnement et surprise

Test

Übersetzen Sie die deutschen Ausdrücke des Staunens.

1.

Un journaliste fait une enquête sur la longévité chez les hommes. Dans un parc, il s'approche de trois vieillards assis sur un banc. Il demande au premier:

– Pardon, monsieur, quel âge avez-vous?
– Soixant-dix ans.
– **(Erstaunlich)!** Comment avez-vous réussi à atteindre un âge si avancé?
– Toute ma vie, je n'ai bu que de l'eau. Et je n'ai jamais touché au tabac.
– **(Beeindruckend)!**

Le journaliste pose les mêmes questions aux deux autres vieillards.

– Moi, j'en ai quatre-vingt-douze, dit le deuxième. Toute ma vie, j'ai bu du lait et j'ai mangé de l'ail!
– **(Unglaublich)!** fait le journaliste.

Alors, le journaliste s'adresse au troisième homme, qui semble extrêmement âgé. Il est courbé, ridé et paraît très fatigué:

– Et moi, dit-il d'une voix tremblante, j'ai couru les femmes, j'ai bu une bouteille de cognac par jour et j'ai fumé des cigares. Et ça pendant toute ma vie.
– **(Im Ernst)?** s'exclame le journaliste. Mais quel âge avez-vous, monsieur?
– Trente-deux.

2.

Lors de sa première visite officielle au Vatican l'ambassadeur du Kénia est impressionné par le nombre imposant de cardinaux et d'évêques.

– **(Wie schön! Das ist wie im Traum!)** fait-il à son voisin, on se croirait au Paradis.
– Mon cher ami, répond son voisin, au Paradis, il n'y en a pas autant.

Verwendete Abkürzungen

qc	quelque chose	etwas
qn	quelqu'un	jemand
f.	Femininum	weibliches Geschlecht
m.	Maskulinum	männliches Geschlecht
fam.	familier	Umgangssprache
Sg.	Singular	Einzahl
Pl.	Plural	Mehrzahl
Konj.	Konjunktiv	Möglichkeitsform
Ind.	Indikativ	Wirklichkeitsform
(e)	feminine Form	weibliche Form
pl.	Plural	Mehrzahl
Subst.	Substantiv	Hauptwort
adj.	Adjektiv	Eigenschaftswort
adv.	Adverb	Umstandswort

Vocabulaire
Wortschatz

abandonner	aufgeben; verlassen
abattre	erlegen, töten
abdication *f.*	Abdankung
abeille *f.*	Biene
aborder	anlegen (Schiff)
aborder qn	jemanden ansprechen
abréger sa vie	sein Leben verkürzen
abreuver qn de reproches	jemanden mit Vorwürfen überschütten
absorbé dans un livre	in ein Buch vertieft
abus d'alcool *m.*	Alkoholmißbrauch
accorder qc à qn	jemandem etwas gewähren, geben
accueillir	begrüßen, aufnehmen, empfangen
accusé(e)	Angeklagte(r)
action *f.*	Tat; Aktie
adhérent *m.*	Anhänger, Parteigänger
admettre	zugeben
admirateur(-trice)	Bewunderer (Verehrerin)
adolescent(e)	Jugendliche(r); jugendlich
adresser la parole à qn	jemanden ansprechen
adversaire *m.*	Gegner
affaires *f., pl.*	Geschäfte
affamé(e)	ausgehungert
affectueusement	liebevoll
affiche *f.*	Schild, Plakat
affirmatif(-ve): être ~	seiner Sache sicher sein
affirmer	behaupten
affolé(e)	außer sich
affreux(-se)	schrecklich
âge: d'un certain âge	nicht mehr ganz jung
agence matrimoniale *f.*	Heiratsvermittlung
agité(e)	bewegt, aufregend
agiter l'air	Wind machen, ins Leere treffen
agoniser	im Sterben liegen
aide *m.*	Hilfe

ail *m.*	Knoblauch
aisé(e)	gut situiert, wohlhabend
allumer	anzünden
amabilité *f.*	Freundlichkeit
amant *m.*	Liebhaber, Geliebter
amateur *m.*	Liebhaber, Sammler
ambulance *f.*	Krankenwagen
âme solitaire *f.*	einsames Herz
amener qn	jemanden mit-, herbringen
amoureux(-se) de	verliebt in
anatomie féminine *f.*	weiblicher Körper
angle: sous tous les angles	aus jeder Perspektive
angoissé(e)	voll Angst, verängstigt
animateur *m.*	Showmaster, Conferencier
anniversaire *m.*	Geburtstag
annoncer	an-, verkünden
annuaire *m.*	Telefonbuch
annuel(le)	jährlich
antiquaire *m.*	Antiquitätenhändler
apercevoir	bemerken
appartenir	gehören
appel *m.*	Berufung; Telefonanruf
appendice *m.*	Blinddarm
apprendre	lernen, erfahren
apprendre qc à qn	jemandem etwas sagen, beibringen
approcher: s'approcher de qn	jemanden ansprechen; sich jemandem nähern
approuver qc	etwas billigen
arbitre *m.*	Schiedsrichter
armée du salut *f.*	Heilsarmee
armement *m.*	Bewaffnung
arracher une dent	einen Zahn ziehen
arroser	begießen, anstoßen auf
ascenseur *m.*	Aufzug, Lift
asile *m.*	Anstalt, Irrenhaus
assassin *m.*	Mörder
assassiner	ermorden
asseoir: s'asseoir	sich setzen
assurance *f.*	Versicherung
assurer	versichern
atteindre un âge	ein Alter erreichen

atterrir	landen
attraper une pneumonie	eine Lungenentzündung bekommen
au fait	übrigens
audace *m.*	Kühnheit, Mut
auditeur(-trice)	Zuhörer(in)
augmentation de salaire *f.*	Gehaltserhöhung
augmenter	zunehmen, größer werden
autant que	ebenso viel(e), ebenso sehr wie
autrefois	früher
avaler	verschlucken
avantage *m.*	Vorteil
avare *m.*	geizig; der Geizige
avenir *m.*	Zukunft
avertir	warnen, benachrichtigen
aveugle	blind; der, die Blinde
avis *m.*	Meinung
avocat général *m.*	Staatsanwalt
avoine *f.*	Hafer
avouer	gestehen, zugeben
bagnole *f.*	altes Auto, Karre (familiär)
bague *f.*	Ring
baigneur(-se)	Badender, Badende
bain *m.*	Bad
balbutier	stammeln
baptiser	taufen
bar-tabac	Bar (mit Zigaretten und Briefmarkenverkauf)
barbouiller	beschmieren
barrer	durchstreichen
bas *m.*	Strumpf
bâtir	bauen
battre son tambour	trommeln
battre un record	einen Rekord brechen
bavard(e)	gesprächig, geschwätzig
bavarder	plaudern
Bavarois(e)	Bayer (Bayerin)
beauté: se faire une beauté	sich schön machen, schminken
bec *m.*	Schnabel
bégayer	stammeln

Belge *m. und f.*	Belgier(-in)
bénir	segnen
bête *f.*	(wildes) Tier
bêtise *f.*	Dummheit
bière *f.*	Bier; Tragbahre
bigrement	riesig, sehr; verflucht
bijoux *m., pl.*	Schmuck
biscotte *f.*	Zwieback
blagues: sans blagues!	im Ernst, ohne Witz
blesser	verwunden, verletzen
boîte *f.*	Dose, Schachtel; Bar
bondir de son banc	von seiner Bank aufspringen
bonne route!	gute Fahrt!
bouc *m.*	Ziegenbock
boucher *m.*	Metzger
boucherie *f.*	Metzgerei
boue *f.*	Schlamm, Matsch
bouleverser	umstoßen, erschüttern
bousculer	anrempeln
bout *m.*	Ende
brancher	anschließen
branler une arme	eine Waffe schwenken
bras *m.*	Arm
brocanteur *m.*	Antiquitätenhändler, Trödler
brosse *f.*	Bürste
brouillard *m.*	Nebel
brousse *f.*	Busch(-wald)
brûler un feu rouge	eine rote Ampel überfahren
bureau d'état civil *m.*	Standesamt
buveur *m.*	Trinker, Säufer
cabane d'alpage *f.*	Almhütte
cabossé(e)	verbeult
calamité *f.*	Unglück, Mißgeschick
calvados *m.*	Apfelschnaps
cambriolage *m.*	Einbruch
camp de naturiste *m.*	FKK-Gelände
campagne électorale *f.*	Wahlkampf
carburateur *m.*	Vergaser
carnet *m.*	Heft,Notizblock
cas: c'est le cas de le dire	das kann man wohl sagen
casquette *f.*	Helm

casser les pieds à qn	jemandem den Nerv töten
catéchisme *m.*	Religionsunterricht
cauchemar *m.*	Alptraum
célibataire *m.*	Junggeselle
cellule *f.*	Gefängniszelle
cendrier *m.*	Aschenbecher
centrale nucléaire *f.*	Atomkraftwerk
cercueil *m.*	Sarg
certitude *f.*	Gewißheit
cervelle *f.*	Hirn
cesser de faire	aufhören mit, beenden
chasse présidentielle *f.*	Diplomatenjagd
chasser qn	jemanden (weg-)jagen
châssis *m.*	Untergestell, hier: Figur
chaussette *f.*	Socke
chauve	kahlköpfig
chemin: ne pas aller par quatre chemins	keine Umschweife machen
chêne *m.*	Eiche
cheval *m.*	Pferd
chevalet *m.*	Staffelei
chevet *m.*	hier: Krankenbett
chèvre *f.*	Ziege
Chinois(e)	Chinese (Chinesin)
choisir	(aus)wählen
choix *m.*	Wahl
chrétien(ne)	christlich
chuchotement *m.*	Geflüster
ci-joint	beiliegend
cible *f.*	Ziel
cicatrice *f.*	Narbe
cieux *m.; Plural von ciel*	Himmel
cinéma parlant *m.*	Tonfilm
circuler	(weiter-)fahren (mit dem Auto)
civière *f.*	Bahre
classe de neige *f.*	Skilager
clé *f.*	Schlüssel
cliché *m.*	hier: Negativ eines Films
clou *m.*	Nagel
coiffeur *m.*	Friseur
coïncidence *f.*	zufälliges Zusammentreffen

coller une contravention à qn	jemandem einen Strafzettel verpassen
coma *m.*	Ohnmacht, Koma
comble: c'est le comble	das ist die Höhe
comédien(ne)	Schauspieler(in)
commander	bestellen; befehlen
comme ci, comme ça	so la la; nicht schlecht
commerçant *m.*	Geschäftsmann, Kaufmann
commettre une bêtise	eine Dummheit begehen
comportement *m.*	Benehmen, Verhalten
comptabilité *f.*	Buchhaltung
comptant: payer comptant	bar bezahlen
compte: se rendre compte	bemerken
concerner	betreffen
condamnation *f.*	Verurteilung
condamné(e)	Verurteilter, Verurteilte
conducteur(-trice)	Fahrer(in)
confesser: se confesser	beichten
confessionnal *m.*	Beichtstuhl
confiance en qn	Vertrauen in jemanden
confier qc à qn	jemandem etwas im Vertrauen sagen
confrère *m.*	Kollege
congé *m.*	Urlaub, Abschied
connaissance *f.*	Bekanntschaft
consacrer sa vie à qc	sein Leben einer Sache widmen
conscience professionnelle *f.*	berufliches Gewissen
conseil juridique *m.*	juristischer Rat
conseiller	raten
consentir	zustimmen, einverstanden sein
consoler	trösten
constater	feststellen, bemerken
consulter	zu Rate ziehen
conte *f.*	Erzählung, Märchen
contenter: se contenter de faire	sich begnügen zu tun
contraire *m.*	Gegenteil
contravention *f.*	Strafzettel
contribution *f.*	Beitrag, Spende
convaincre	überzeugen
convenable	angemessen, passend, schicklich
convertir: se convertir	sich bekehren, übertreten zu

copain, copine	Freund, Freundin
coq *m.*	Hahn, Gockel
cordes: il pleut des cordes	es regnet Bindfäden
côté: le mauvais côté	die falsche Seite
coucher avec qn	mit jemandem schlafen
couler	untergehen (Schiff)
couloir *m.*	Gang, Korridor
coup d'œil *m.*	hier: Augenmaß
coup: donner un coup de main	helfen
coupable	schuldig
couper la tête à qn	jemandem den Kopf abhacken
couple *m.*	(Ehe-)Paar
courbé(e)	gebeugt, gebückt
cours: au cours de *m.*	im Verlauf von
course *f.*	Rennen
couverture *f.*	Bettdecke
cracher	spucken
crayon *m.*	Bleistift
création *f.*	Schöpfung
crever de faim	vor Hunger sterben
cri *m.*	Schrei
croiser le regard de qn	mit jemandem einen Blick wechseln
croiser qn	jemandem begegnen
croix *f.*	Kreuz
croyance *f.*	Überzeugung
cuillère *f.*	Löffel
cuisinier *m.*	Koch
curé *m.*	katholischer Pfarrer
ça va?	wie geht's?
davantage	mehr
dactylo *f.*	Sekretärin, Schreibkraft
Danois(e); danois(e)	Däne, Dänin; dänisch
dater du 16e siècle	aus dem 16. Jahrhundert stammen
débarquer	an Land gehen
débordé(e)	hier: überlastet, überfordert
déboucher une bouteille	eine Flasche entkorken
débutant(e)	Anfänger(in)
décédé(e)	verstorben
déception *f.*	Enttäuschung
décisif *(-ve)*	entscheidend

décollage *m.*	Start (eines Flugzeugs)
décoller	starten; ablösen
découvrir	entdecken
décrire son cas	seinen Fall beschreiben
défense *f.*	Verteidigung
défoncer	hier: hineinfahren, kaputtfahren
dégoûtant(e)	widerlich, ekelhaft
dehors: mettre qn dehors	jemanden hinauswerfen
délabré(e)	baufällig
délibération *f.*	Beratung
déménageur *m.*	Möbelpacker
démontrer	beweisen
dent *f.*	Zahn
dentifrice *m.*	Zahnpasta
dépêcher: se dépêcher	sich beeilen
dépendre de	abhängen von
déplacer: se déplacer	sich fortbewegen
déplut: il déplut *(déplaire)*	es mißfiel
dépravé(e)	verdorben, verkommen
député *m.*	Abgeordneter
dès que	sobald
désabusé(e)	enttäuscht
descendre des singes	von den Affen abstammen
descente *f.*	Gefälle; Abhang
désert(e)	verlassen, einsam
désert *m.*	Wüste
désespoir m.	Verzweiflung
déshabillé *m.*	Négligé
déshabiller	ausziehen
désinfectant *m.*	Desinfektionsmittel
détourner la fortune à qn	jemanden um sein Vermögen bringen
détraquer: se détraquer	kaputt, schiefgehen
dettes *f., pl.*	Schulden
deuil *m.*	Trauer
dévorer	verschlingen
diable *m.*	Teufel
différer	abweichen, verschieden sein
digne d'être secouru(e)	würdig, gerettet zu werden
diminuer	abnehmen, sich verringern
dingue *fam.*	verrückt, plemplem

discours *m.*	Rede, Ansprache
dissimuler	verbergen, verheimlichen
distrait(e)	zerstreut, schusselig
distribuer	verteilen
doigt *m.*	Finger
don *m.*	Gabe, Talent
donneur de sang *m.*	Blutspender
dont	hier: darunter
dossier *m.*	Akte
douanier *m.*	Zollbeamte
doubler	überholen
doué(e)	begabt
douleur *f.*	Schmerzen
doux(-ce)	weich, sanft, süß, lieblich
dresser un chien	einen Hund dressieren
droit: avoir droit à *m.*	Anrecht haben auf
dû: tu aurais dû	du hättest sollen
duper qn	jemanden betrügen, reinlegen
dur *m.*	harter Bursche
eau: faire eau *f.*	ein Leck haben
éblouissant(e)	strahlend (schön)
échange *m.*	Austausch, Tausch
Ecossais(e)	Schotte, Schottin
écraser	überfahren, zerdrücken, überfahren
écrin *m.*	Schmuckkästchen
écriteau *m.*	Schild
élections *f., pl.*	Wahlen
éleveur *m.*	Züchter
embarrassant(e)	hier: peinlich
embêter qn	jemanden belästigen
embrasser qn	jemanden umarmen, küssen
embuscade *f.*	Hinterhalt
émission en direct *f.*	Direktübertragung
emmener	mitnehmen
emploi *m.*	Arbeit, Stelle, Beschäftigung
employer	verwenden, einstellen
enceinte	schwanger
enfer *m.*	Hölle
enfermer	einsperren
engraisser	dick werden, mästen

ennemi *m.*	Feind
ennui *m.*	Ärger, Verdruß, Langeweile
ennuyer	langweilen, ärgern
ça t'ennuierait ...?	würde es dir etwas ausmachen, wenn
enquête *f.*	Untersuchung, Umfrage
entamer une conversation	ein Gespräch beginnen
enterrer	beerdigen
entier(-ière)	vollständig, ganz
entouré(e) de	umgeben von
entracte *m.*	Pause (im Theater)
entraînement *m.*	Training, Übung
entreprise *f.*	Unternehmen, Firma
envie de faire qc	Lust etwas zu tun
épaule *f.*	Schulter
épeler	buchstabieren
éponger: s'éponger le front	sich die Stirn abtupfen
épouser qn	jemanden heiraten
époustouflant(e)	verblüffend
épouvantable	schrecklich
époux, épouse	Gatte, Gattin
épreuve *f.*	Prüfung, Wettkampf, Strapaze
éprouver	empfinden
épuisé(e)	erschöpft
équiper	ausstatten, ausrüsten
erreur *f.*	Irrtum
espérer	hoffen
espoir *m.*	Hoffnung
essayage *m.*	Anprobe, Probe
essayer	versuchen
essence *f.*	hier: Benzin
essuie-glace *m.*	Scheibenwischer
estomac *m.*	Magen
étirer	dehnen, ziehen
étoilé(e)	sternenübersät
étonner; s'étonner	erstaunen; erstaunt sein
étranger(-ère)	der, die Fremde
étranger *m.*	Ausland; Fremder
évanouir: s'évanouir	ohnmächtig werden
événement *m.*	Ereignis
évêque *m.*	Bischof

évident(e)	offensichtlich, klar
éviter	vermeiden
exagérer	übertreiben
exaspéré(e)	außer sich, wütend
exception *f.*	Ausnahme
exclamer: s'exclamer	ausrufen
exiger	fordern, verlangen
explication *f.*	Erklärung, Erläuterung
exploitation *f.*	Ausbeutung
exprès: faire exprès	absichtlich tun
face: de face	von Angesicht
facteur *m.*	Briefträger
faillir écraser qn	beinahe jemanden überfahren
faire eau	einen Wassereinbruch haben
familiarité *f.*	Vertraulichkeit
familier(-ière)	vertraut
fatiguer qn	jemanden ermüden
fausse couche *f.*	Fehlgeburt
fauteuil roulant *m.*	Rollstuhl
fermier *m.*	Bauer
ferveur *f.*	Inbrunst, Leidenschaft
fesses; de fesses *f., pl.*	Podex; von hinten
fêter	feiern
feu *m.*	Feuer
feuille de vigne *f.*	Weinblatt
fidèle *m. et f.*	Gläubige(r)
fier, fière	stolz
flamme *f.*	Flamme, Angebetete
flanquer qn à la porte	jemanden rausschmeißen
flatter	schmeicheln
foi *f.*	Glaube, Vertrauen
foie *m.*	Leber
Foix	Stadt in Frankreich
folle: une folle nuit *f.*	eine tolle Nacht
fond *m.*	Hosenboden
fonder une famille	eine Familie gründen
fossé *m.*	Straßengraben
fou *m.*	Verrückter, Irrer
foutre *fam.*	treiben, tun
frais, fraîche	frisch

franchement	ehrlich gesagt
franchise *f.*	Ehrlichkeit, Offenheit
frapper	klopfen, schlagen
frapper à la porte	anklopfen
frein *m.*	Bremse
fréquentations *f., pl.*	gesellschaftlicher Verkehr
frisé(e)	gelockt, gekräuselt
froidement	kühl
frousse *f.*	Heidenangst
fumer	rauchen
fumeur *m.*	Raucher
fusée *f.*	Rakete
gâcher	verderben, versauen
gamin, gamine	Bengel, Göre
gant *m.*	Handschuh
gant: aller comme un gant	wie angegossen sitzen
garde-chasse *m.*	hier: Treiber, Jagdhüter
garder	behalten, bewachen
gâter	verwöhnen, verderben
geler	(zu-)frieren
gémir	ächzen, seufzen
générosité *f.*	Großzügigkeit
Gengis Khan	Dschingis Khan
genou: se mettre à genoux	niederknien
gentiment *(adv.)*	höflich, freundlich
gérant *m.*	Geschäftsführer
gigot de mouton *m.*	Hammelkeule
gilet de sauvetage *m.*	Schwimmweste
glacial(e)	eisig, frostig
gonfler	anschwellen
gorgée *f.*	Schluck
gosse *m., f.*	kleiner Junge, Mädchen, Göre
gourmand *m.*	Vielfraß
goût *m.*	Geschmack
graisse *f.*	Fett
gratter	kratzen
grec(-que)	griechisch
Grèce *f.*	Griechenland
grignoter	knabbern, naschen
grillage *m.*	Gitter

grincer	knarren, knirschen
grossier(-ière)	vulgär, häßlich, unanständig
guérir	heilen; gesund werden
guérison *f.*	Heilung, Genesung
guerre mondiale *f.*	Weltkrieg
gueule *f.*	Maul, Klappe
guide *m.*	Führer
guidé(e): visite guidée	Führung
habituer	gewöhnen
haïr	hassen
haranguer qn	jemandem eine Ansprache halten; jemanden abkanzeln
hasard *m.*	Zufall
hélas!	Ach!
herbe *f.*	Gras
héréditaire	erblich, vererbt
hérisson *m.*	Igel
hérité de qc	etwas erben
héritier(-ière)	Erbe, Erbin
hésiter	zögern
heurter	stoßen, anrempeln
homard *m.*	Hummer
homme d'affaires *m.*	Geschäftsmann
honorable	ehrenhaft
honoraires *m., pl.*	Honorar
honoré(e)	geehrt
honte: avoir honte	sich schämen
horloge *f.*	Standuhr
horreur *f.*: **avoir horreur de**	einen Horror haben vor
hors de	außerhalb von
hors de joie	außer sich vor Freude
hospitalité *f.*	Gastfreundschaft
hôte *m.*	Gastgeber
hôtesse *f.*	Gastgeberin; Stewardeß
hurler	brüllen
imbécile *m.*	Trottel, Dummkopf
imbibé(e)	beschwipst
impatienter: s'impatienter	ungeduldig werden
importuner	belästigen

inaugurer	einweihen
incapable	unfähig
incendie *m.*	Feuer, Brand
incertitude *f.*	Ungewißheit
inconnu(e)	unbekannt
indigner: s'indigner	sich entrüsten
indiquer (le chemin)	den Weg zeigen
infaillible	unfehlbar
infiniment	unendlich
infirmière *f.*	Krankenschwester
injure *f.*	Beleidigung
innocence *f.*	Unschuld
innocent(e)	unschuldig
inquiet(-iète)	unruhig, besorgt
insensé(e)	sinnlos, verrückt
insister sur	bestehen auf
insolent(e)	frech, unverschämt
insomnie *f.*	Schlafstörung, -losigkeit
installer: s'installer	Platz nehmen; sich niederlassen
insupportable	unerträglich
intention *f.*	Absicht
interdire	verbieten
interlocuteur(-trice)	Gesprächspartner(-in)
interpeller qn	fragen, eine Erklärung verlangen
interrompre	unterbrechen
inutile de dire	überflüssig zu sagen
inventer	erfinden
investissement *m.*	Investition
invétéré(e)	eingefleischt, überzeugt
irradier	ausstrahlen
irréprochable	untadelig, einwandfrei
irrité(e)	gereizt
ivrogne *m.*	Säufer, Trunkenbold
jadis	damals, einst
jaloux(-louse)	eifersüchtig
japonais(e)	japanisch
jeu télévisé *m.*	Fernsehspiel, -quiz
joindre: se joindre à qc	sich einer Sache anschließen
jouet *m.*	Spielzeug
juge d'instruction *m.*	Untersuchungsrichter

jumeaux, jumelles	Zwillinge
justesse: de justesse	gerade noch, mit knapper Not
kangourou *m.*	Känguruh
klaxon *m.*	Hupe
lâcher: les freins lâchent	die Bremsen versagen
laine *f.*	Wolle
lambeau *m.*	Fetzen, Lumpen
lancer	(aus-)rufen; werfen
lapin *m.*	Kaninchen
larme *f.*	Träne
lavage et repassage *m.*	Waschen und Bügeln
leçon *f.*	Lektion
lesbien(ne)	lesbisch
lier conversation	ein Gespräch anfangen
lit *m.*	Bett
livre *f.*	Pfund; Pfund Sterling
locataire(-trice)	Mieter(-in)
longer	folgen, entlanggehen
longévité *f.*	Langlebigkeit
lors de	anläßlich
louer	mieten, vermieten; loben
Louis XV	hier: Stil der Epoche Louis XV
lunettes *f., pl.*	Brille
maintenir	behaupten
maire *m.*	Bürgermeister
maîtresse de maison *f.*	Hausherrin
mâle ou femelle	männlich oder weiblich
malicieux(-euse)	arglistig; schelmisch, schalkhaft
manquer	fehlen, verfehlen
manquer d'appétit	keinen Appetit haben
manuel *m.*	Handbuch
maquiller	schminken
maquilleur *m.*	Maskenbildner
marchand *m.*	Händler, Kaufmann
mariage *m.*	Heirat
marin *m.*	Seemann
marre: j'en ai marre	ich habe die Nase voll
marteau *m.*	Hammer

massue *f.*	Keule
mât *m.*	Mast, Fahnenstange
maternité *f.*	Entbindungsstation
matricule *m.*	Nummer, hier: Gefangener
mèche *f.*	Zündschnur, Docht
médaillé(e)	preisgekrönt, prämiert
médiocre	mittelmäßig
mégarde: par mégarde	aus Versehen, Unachtsamkeit
mélanger	mischen
membre *m.*	Mitglied
mémoire *f.*	Gedächtnis
menacer	bedrohen
ménagère *f.*	Hausfrau
mener joyeuse vie	ein lustiges Leben führen
mensonge *m.*	Lüge
mentir	lügen
menu gastronomique *m.*	Feinschmeckermenü
mépris *m.*	Verachtung
mesurer	messen
metteur en scène	Regisseur
meurt: il meurt	er stirbt
mien: le mien, la mienne	der, die, das meine
minable	kümmerlich, mickrig
minauder	sich zieren, schöntun
miraculeusement	auf wunderbare Weise
miroir *m.*	Spiegel
misanthropie *f.*	Menschenverachtung
Mme de Staël	französische Autorin (18./19. Jh.)
mobylette *f.*	Moped
moine *m.*	Mönch
Moïse	Moses
moitié *f.*	Hälfte
molaire *f.*	Backenzahn
momie *f.*	Mumie
monstre marin *m.*	Meeresungeheuer
monter une pièce	ein Stück aufführen
montre-bracelet *m.*	Armbanduhr
morceau *m.*	Stück
mordre	beißen
mot *m.*	Wort; Brief
mouche *f.*	Fliege

muni de	versehen, ausgerüstet mit
mûr(e)	reif
nage: suivre à la nage	hinterherschwimmen
nager	schwimmen
nain *m.*	Zwerg
naissance *f.*	Geburt
naître	geboren werden
narguer qn	verhöhnen, verspotten
naturisme *m.*	Freikörperkultur
naturiste *m.*	FKK-Anhänger
naufrage *m.*	Schiffbruch
naufragé *m.*	Schiffbrüchiger
navré: être navré	untröstlich sein
négociant en vins *m.*	Weinhändler
négociations *f., pl.*	Verhandlungen
négocier	verhandeln, aushandeln
nettoyer	reinigen
nez *m.*	Nase
nier	leugnen
noces: voyage de noces *m.*	Hochzeitsreise
nommer qn une oie	jemanden eine Gans heißen
note *f.*	Rechnung
nourriture *f.*	Nahrung
noyade *f.*	Ertrinken
noyer: se noyer	ertrinken
nu(e)	nackt
obéir	gehorchen
objet d'art *m.*	Kunstgegenstand
obole *f.*	Obolus, Spende
obsèques *f., pl.*	Leichenbegängnis, Beerdigung
octogénaire	achtzigjährig
oculiste *m.*	Augenarzt
œil: voir d'un autre œil	mit anderen Augen betrachten
offense *f.*	Beleidigung
oie *f.*	Gans
oignon *m.*	Zwiebel
oiseau *m.*	Vogel
oisellerie *f.*	Vogelhandlung
ordinateur *m.*	Computer

oreille *f.*	Ohr
oreillons *m., pl.*	Mumps
orgueil *m.*	Stolz
orphelin *m.*	Waisenkind
os *m.*	Knochen
ours blanc *m.*	Eisbär
outré(e)	empört, außer sich
ouvreuse *f.*	Platzanweiserin
pain complet *m.*	Vollkornbrot
paix *f.*	Frieden
paléontologue *m.*	Paläontologe
palier *m.*	Treppenabsatz
pancarte *f.*	Hinweisschild
pape *m.*	Papst
papillon *m.*	hier: Knöllchen, Strafzettel
paquebot *m.*	Passagierschiff
Pâques *f., pl.*	Ostern
parachute *m.*	Fallschirm
parachutiste *m.*	Fallschirmspringer
paraître	scheinen
paroisse *f.*	Pfarrgemeinde
parole: adresser la parole à qn	jemanden ansprechen
parole: prendre la parole	das Wort ergreifen
part: faire part de	mitteilen
part: c'est gentil de ta part	das ist nett von dir
participer	teilnehmen
partie: faire partie de	dabei sein, teilnehmen
paru(e) (paraître)	erschienen, veröffentlicht
parvenir à faire	gelingen, Erfolg haben bei
passant(e)	Passant(in)
passer à la maison	vorbeikommen, besuchen
passer pour	gelten, sich ausgeben als
passer: se passer	sich ereignen
passerelle d'embarquement	die Landebrücke
passoire *f.*	Sieb
pasteur *m.*	Pfarrer (meist protestantisch)
pâteux: d'une voix pâteuse	mit belegter, undeutlicher Stimme
patience *f.*	Geduld
pattes: à quatre pattes *f., pl.*	auf allen Vieren
Pau	Stadt in Frankreich

paysage *m.*	Landschaft
paysan(ne)	Bauer, Bäuerin
peau *f.*	Haut
péché *m.*	Sünde
pêcheur *m.*	Fischer
peindre	malen
peine *f.*	Schmerz, Mühe
ça n'en vaut pas la peine	das lohnt sich nicht
peintre *m.*	Maler
peinture *f.*	Gemälde
penché à la fenêtre	aus dem Fenster gelehnt
pénétrer dans	eintreten, eindringen in
péniblement	mühsam
perdition *f.*	hier: Verdammnis
perdre: se perdre	sich verirren; sich aus den Augen verlieren
Père Noël	Weihnachtsmann
permettre	erlauben
permission *f.*	Erlaubnis
perroquet *m.*	Papagei
persuader	überzeugen, überreden
pétaradant(e)	knatternd
petits pois *m., pl.*	Erbsen
piano à queue *m.*	Flügel
pièce *f.*	(Theater-)Stück
pigeon *m.*	Taube
pile: neuf heures pile	punkt neun Uhr
pince *f.*	Zange (zum Beispiel eines Hummers)
pinceau *m.*	Pinsel
piqûre *f.*	Stich; Injektion
pitoyable: en pitoyable état	in bedauernswertem Zustand
placard *m.*	Wandschrank
plage *f.*	Strand
plaider avec ferveur	ein leidenschaftliches Plädoyer halten
plaidoirie *f.*	Plädoyer
plaire: vous vous plaisez ici?	gefällt es Ihnen hier?
planche *f.*	Brett
plaquer un baiser à qn	jemandem einen Kuß aufdrücken
pleurs *m., pl.*	Tränen

pleuvoir	regnen
plis *m.*	Falte
plombier *m.*	Klempner, Installateur
plume *f.*	Feder
poêle *f.*	Pfanne
poil *m.*	Haar
poing *m.*	Faust
point noir *m.*	schwarzer Punkt
point: un point, c'est tout	und damit basta
poison *m.*	Gift
politesse *f.*	Höflichkeit
Pologne *f.*	Polen
polonais(e)	polnisch
pompes funèbres *f., pl.*	Beerdigungsinstitut
pondre	ein Ei legen
porc *m.*	Schwein
portant: bien portant	gesund, wohlauf
porter malheur	Unglück bringen
porter plainte	Anzeige erstatten
poser nu(-e)	nackt Modell stehen
poser sa candidature	kandidieren, Kandidatur anmelden
posséder	besitzen
poste de télévision *m.*	Fernsehapparat
pourrir	verfaulen
poursuivre	verfolgen, fortfahren
pousser un soupir	einen Seufzer ausstoßen
précaution *f.*	Vorsicht
précipitamment	eilig, hastig
prédire	voraus-, weissagen
prendre	hier: einstecken (Boxersprache)
préoccuper: se préoccuper	sich Sorgen machen
prescription *f.*	Rezept, Verschreibung
présenter ses excuses	sich entschuldigen
pressé(e)	eilig, in Eile
prétendre	vorgeben, so tun als ob
prêter qc à qn	jemandem etwas leihen
prêtre *m.*	Priester
prévenir	warnen
prime *f.*	Prämie
prise de courant *f.*	Steckdose
prix de beauté *m.*	Preis für Schönheit

prolonger	verlängern
promener ses mains	seine Hände wandern lassen
promettre	versprechen
promis(e)	versprochen
proposer	vorschlagen
propriétaire *m.*	Eigentümer, Vermieter
prouver	beweisen
proviseur *m.*	Schulleiter, Direktor
puce *f.*	Floh
puissant(e)	mächtig, stark
punir	bestrafen
pur(e)	rein
qu'à cela ne tienne	daran soll es nicht liegen
quand même	trotzdem
quant à	was … anbelangt
quant à vous	Ihrer Meinung nach
quereller: se quereller	sich streiten
questionner	fragen, befragen
quinzaine: dans la quinzaine	innerhalb von zwei Wochen
quotidien(ne)	täglich
rabbin *m.*	Rabbiner
raccrocher	den Hörer auflegen
radiologue *m.*	Röntgenarzt
rafraîchir	erfrischen
raide	steif
raison: donner raison	Recht geben
raisonner qn	jemandem gut zureden
ramasser un coquillage	eine Muschel aufheben
ramer	rudern
ranimer	wiederbeleben
rapace	raubgierig, räuberisch
rappeler: être rappelé	abberufen werden, sterben
rappeler: se rappeler qc	sich erinnern
rappelez-moi	rufen sie mich zurück
raser	rasieren
rassembler l'équipage	die Mannschaft versammeln
rassurez-vous	seien Sie unbesorgt
rater qc	etwas versäumen; etwas verpatzen
rattraper	einholen

ravissant(e)	reizend, bezaubernd
RDA *f.*	DDR
réception *f.*	Empfang, Einladung
recette *f.*	Rezept
recevoir	erhalten, empfangen, bewirten
recherche *f.*	Suche, Fahndung, Forschung
rechercher	suchen, fahnden nach
récidiviste *m.*	Vorbestrafter
recommander	empfehlen
réconforter	trösten
reconnaître	wieder-, anerkennen; zugeben
recracher	wieder ausspucken
reçu *m.*	Quittung
réduit(e) en miette	in Scherben, kaputt
refaire sa vie	sein Leben noch einmal leben
réfléchir	nachdenken, überlegen
réfugier: se réfugier	fliehen, Zuflucht suchen
régime *m.*	Diät
régler la note	die Rechnung begleichen
regretter	bedauern
rejoindre qn	jemanden aufsuchen, treffen
réjouir: se réjouir	sich freuen
relations extramaritales *f.*	außereheliche Beziehungen
remarquable	bemerkenswert
remarquer	bemerken, sagen
remettre en question	in Frage stellen
repasser	wieder vorbeikommen
remplacer	ersetzen
rempli(e)	gefüllt
remplir un mandat	eine Überweisung ausfüllen
remplir un souhait	einen Wunsch erfüllen
remuer la queue	mit dem Schwanz wedeln
rencontre: aller à la ~ de qn	jemandem entgegengehen
rendre sourd	taub machen
rendre: se rendre à	sich begeben zu
renoncer à	verzichten auf
renseignements *m., pl.*	Auskunftsbüro
renseigner	informieren, unterrichten
renverser	umstoßen
repas *m.*	Mahlzeit; Gericht
repassage *m.*	Bügeln

repasser	wieder vorbeikommen; bügeln
répliquer	antworten, erwidern
reposer: se reposer	sich ausruhen
représentation *f.*	Aufführung
réputation *f.*	Ruf
respirer	atmen
ressemblance *f.*	Ähnlichkeit
ressembler à	ähneln
retard *m.*	Verspätung
retentir	ertönen
retentissant(e)	dröhnend
rétorquer	erwidern
réunion *f.*	Feier, Party
réveil *m.*	Wecker
réveiller qn	jemanden aufwecken
ricaner	höhnisch lachen, grinsen
ridé(e)	faltig, voller Falten
rideau *m.*	Vorhang
ridicule	lächerlich machen
ridiculiser	lächerlich, lachhaft
roman policier *m.*	Kriminalroman
ronds de fumée *m., pl.*	Rauchringe
rougir	rot werden
rouleau compresseur *m.*	Dampfwalze
rouspéter	schimpfen
rusé(e)	listig
sage	artig, brav
sain(e)	gesund
saisir au bras	am Arm packen
saladier *m.*	Salatschüssel
salut	Heil; (Guten) Tag
sang *m.*	Blut
sangloter	schluchzen
sans cesse	unaufhörlich
saoûl(e)	betrunken
sapin *m.*	Fichte
saumon *m.*	Lachs
sauter	springen
sauvage *m.*	ein Wilder
sauver	retten

savoir-vivre *m.*	Lebensweisheit/-art
savoureux(-euse)	schmackhaft
secouer	schütteln
séducteur(-trice)	Verführer(in)
seller un cheval	ein Pferd satteln
selon le cas	je nachdem
sembler	(er-)scheinen
sens interdit *m.*	Einbahnstraße
sens *m.*	Sinn; Richtung
sentiment *m.*	Gefühl
sentiments distingués	hochachtungsvoll
sentir	fühlen
séparément	getrennt
séparer: se séparer de qn	sich von jemandem trennen
serin *m.*	Kanarienvogel
sermon *m.*	Predigt
sermonner qn	jemandem eine Predigt halten
serpent *m.*	Schlange
serrer la main à qn	jemandem die Hand drücken
si	ja; doch; wenn
siècle *m.*	Jahrhundert
siège *m.*	Sitz, Sessel
signaler qc à qn	jemanden auf etwas aufmerksam machen
signifier	bedeuten
silence *m.*	Schweigen, Stille
sinon	andernfalls
sobre	nüchtern
soigner qn	pflegen, ärztlich behandeln
soirée *f.*	Abend, Abendgesellschaft
solitude *f.*	Einsamkeit
solitaire	einsam
sombre	finster, düster
sonner	läuten
sorcier *m.*	Zauberer, Medizinmann
sortir: se sortir de	heil davonkommen
souffert(e): souffrir	gelitten: leiden
souffler	verschnaufen
souffler dans un pneu	in einen Reifen pusten
souffrir de qc	leiden an
souhait *m.*	Wunsch

soulager qn	jemanden erleichtern
soupire *m.*	Seufzer
soupirer	seufzen
sourd(e)	taub
souris *f.*	Maus
spectateur(-trice)	Zuschauer(in)
spirituel(le)	geistreich
station-service *f.*	Tankstelle
stationnement *m.*	Parken
sténodactylo *f.*	Sekretärin, Stenotypistin
stylo à bille *m.*	Kugelschreiber
subir un examen	geprüft werden
subir une condamnation	verurteilt werden
succès *m.*	Erfolg
sudiste: l'armée sudiste	die Armee der Südstaaten
suer	schwitzen
suicider: se suicider	Selbstmord begehen
suivre qn	jemandem folgen
supérieur *m.*	Prior, Abt
supériorité *f.*	Überlegenheit
supersonique	Überschall-
superstitieux(-euse)	abergläubisch
supplément *m.*	Preisaufschlag
supporter	ertragen
supprimer	unterdrücken, abschaffen
surprendre qn	jemanden überraschen
surprise *f.*	Überraschung
surveiller de près	streng überwachen
tableau *m.*	Gemälde
tailleur *m.*	Schneider
talon *m.*	Absatz (eines Schuhs)
Tamise *f.*	Themse (Fluß in England)
taper sur les nerfs de qn	jemandem auf die Nerven gehen
tarder: ne pas tarder à	bald etwas tun
tas *m.*	Haufen, Menge
tâtonner	tasten
tempête *f.*	Sturm
tendre l'oreille	Ohren spitzen, horchen
tendre qc à qn	jemandem etwas reichen

tenter qn	jemanden reizen, in Versuchung führen
tenue d'Adam *f.*	Adamskostüm
timbre *m.*	Briefmarke
timbré: une enveloppe timbrée	frankierter Briefumschlag
timide(ment) *adj. (adv.)*	schüchtern
tirer	ziehen; schießen
tirer la langue	die Zunge rausstrecken
tirer qn de là	hier: jemanden durchbringen, retten
tituber	wanken, torkeln
toile *f.*	Leinwand, Gemälde
toilette *f.*	Garderobe; Toilette
toit *m.*	Dach
tombe *f.*	Grab
torchon *m.*	Staubtuch
total: faire le total	aufaddieren, zusammenrechnen
toucher une prime	eine Prämie beziehen, erhalten
Toulouse-Lautrec	französischer Maler
tournage *m.*	Dreharbeiten
tourner une scène	eine Szene drehen, filmen
tousser	husten
train d'atterrissage *m.*	Fahrwerk
train: en train de faire	dabei sein, etwas zu tun
trait: d'un seul trait	mit einem Zug
traiter de	handeln von
traiter qn d'oie	jemanden als Gans bezeichnen
transpirer	schwitzen, transpirieren
trembler	zittern
trempé(e)	durchnäßt
tremper	eintauchen
tremper dans l'eau	ins Wasser tauchen
tribu *f.*	(Volks-)Stamm
triplés *m., pl.*	Drillinge
trombe: arriver en trombe	hereingestürmt kommen
tromper qn	jemanden betrügen mit jemandem
tromper: se tromper	sich täuschen, irren
troubles d'estomac *m., pl.*	Magenbeschwerden
trouille *f.*	Heidenangst
troupeau *m.*	Herde
tuer le temps	die Zeit totschlagen

une *f.*	Titelseite der Zeitung
uniquement	einzig, allein
urbain(e)	städtisch
urgence *f.*	Notfall
vacancier(-ière)	Urlauber(in)
vache *f.*	Kuh
vachère *f.*	Sennerin
vainqueur *m.*	Sieger
valet de chambre *m.*	Kammerdiener
vanité *f.*	Eitelkeit
vedette de cinéma *f.*	Filmstar
vendeur(-euse)	Verkäufer(in)
vénérable vieillard *m.*	ehrwürdiger Greis
venimeux(-euse)	giftig
ver de terre *m.*	Regenwurm
ver: nu comme un ver	Wurm: splitterfasernackt
vérifier	überprüfen
verrière *f.*	hier: Deckenfenster
verser	verschütten, gießen
verser de l'argent	Geld bezahlen
vêtu(-e) de	bekleidet mit
veuillez ...	würden Sie bitte ...
vexation *f.*	Verärgerung
vexé(e)	verärgert
vie nocturne *f.*	Nachtleben
vieillard *m.*	Greis, alter Mann
vierge: forêt vierge *f.*	Urwald
vieux, vieil, vieille	alt
vilain(-e)	widerlich, gemein
vint: il vint	Passé simple von venir: er kam
violence *f.*	Gewalt, Gewalttätigkeit
violon *m.*	Violine, Violonist
visagiste *m. u. f.*	Kosmetiker(in)
viser	zielen
vitrine *f.*	Schaufenster
voguer sur la mer	auf dem Meer kreuzen
voie ferrée *f.*	Eisenbahnschienen
voisin(e)	Nachbar(in)
voix *f.*	Stimme
volant *m.*	Steuer (eines Autos)

volontiers	gerne
voyageur *m.*	der Reisende
voyante *f.*	Hellseherin
zinc *m.*	Theke

Lösungen zu den Tests

(In manchen Situationen ist mehr als eine Lösung denkbar)

Lösungshilfe zum Briefwechsel zwischen Voltaire und dem preußischen König: Venez souper à Sanssoucis. Voltaire: J'ai grand appétit (venez unter p = venez sous p → Venez souper à sans unter a = sans sous ci = Sansoucis. G = großes G → J'ai grand; a = kleines a → appétit)

***

Kapitel 1: Prendre contact

1. Je suis très heureuse/contente de vous connaître/de faire votre connaissance.
2. a) Ça va. b) Très bien. Merci. Et vous? c) Enchantée. Je suis Anne Diemer. d) Non, monsieur, je suis désolé(e). e) Non, je suis Allemand(e). f) Je suis de Berlin. g) Dommage. Je suis déjà invité(e)/Je n'ai rien de spécial à faire.
3. a) Permettez que je me présente. Je suis ... b) Monsieur A, je vous présente Monsieur B, Monsieur B, je vous présente Monsieur A. c) Je peux vous aider? d) Excusez-moi, pourriez-vous m'aider s. v. p. e) Excusez-moi, pourriez-vous me rendre un service, s. v. p.? f) Tiens, qu'est-ce que tu deviens?

***

Kapitel 2: Le Savoir-vivre de l'hospitalité

1. a) D'accord, je viens. b) Merci, nous acceptons/j'accepte volontiers. c) Nous vous remercions beaucoup de votre invitation. Nous acceptons avec plaisir.
2. a) Désolé, je suis déjà invité. b) C'est regrettable, mais nous ne serons pas libres à cette date. c) Non, merci, mais je dois conduire. d) Merci, je n'ai plus faim. e) C'est excellent mais j'ai assez mangé.
3. Faites-moi le plaisir de venir dîner ce soir.

***

Kapitel 3: Le mot juste au bon moment

1. a) Toute ma sympathie! b) Buvons au premier mariage de nos enfants. c) Toutes mes félicitations!
2. a) Cette robe vous va à merveille. b) A vos souhaits. c) Je vous présente mes sincères condoléances. d) Je vous félicite de votre article dans le journal. e) Monsieur, je vous prie de m'accorder la main de votre fille Rosalie. f) Joyeux Noël! g) Trinquons (Je lève mon verre) à l'honneur de la maîtresse de maison. h) Madame, mes meilleurs vœux pour votre anniversaire.

***

Kapitel 4: L'art de la demande

1. Vous désirez, messieurs? 2. je désire, je voudrais 3. J'aimerais beaucoup. 4. Que puis-je pour vous? Nous vous serions très reconnaissants.

***

Kapitel 5: Exprimer sa joie et sa préférence

1. Je remarque avec satisfaction .../Ça m'a beaucoup plu.
2. Quelle belle voiture!
3. a) préfère le rouge/blanc. b) La Mercedes me plaît davantage. c) J'aime mieux son frère. d) Celle au milieu me plaît le plus. e) Je le trouve mieux que l'ancien.

***

Kapitel 6: Exprimer ses soucis et sa peur

1. Quelque chose qui ne va pas? .../pourriez-vous m'aider, s. v. p.? J'ai un petit problème.
2. a) Qu'est-ce que tu as? – Je me fais des soucis pour ma mère. b) Quelque chose qui ne vas pas? – Je ne sais pas quoi faire. c) C'est alarmant. d) Il n'y a rien à faire. Je n'arrive pas à payer ... – Tu n'as vraiment pas de chance. e) Je commence à m'inquiéter/à être inquiet. f) La voiture est foutue. – Quel dommage! g) C'est une grande déception ... – je m'y attendais.

***

Kapitel 7: Le mot juste en cas de panne

1. Ne t'en fais pas … 2. … pas de problème … 3. Ne vous inquiétez pas … 4. Du calme … 5. C'est pas grave …

***

Kapitel 8: Savoir dire son opinion

1. Que pensez-vous … 2. Moi, je trouve ça normal. 3. Pourriez-vous m'expliquer pourquoi … 4. Vous auriez quand même pu préciser … 5. A mon avis/Pour moi … 6. d'après/selon vous

***

Kapitel 9: Je suis d'accord avec vous

1. Tu as entièrement raison 2. Vous avez tout à fait raison, monsieur, … 3. Reconnais-tu que tu avais tort … 4. D'accord … 5. Je veux bien.

***

Kapitel 10: Exprimer son désaccord

1. Je ne suis pas de votre avis/Jamais de la vie …
2. a) Vous trouvez/pensez/croyez? b) Alors, là, je ne sais pas si vous avez raison. c) Je ne suis pas de votre avis. d) Hm …, je ne sais pas, n'allez-vous pas trop loin?
3. a) Qu'est-ce que cela signifie, *un roseau pensant?*
   b) *De l'opium pour le peuple,* qu'est-ce que cela veut dire?
   c) Qu'est-ce que vous entendez par *décentralisé?*
   d) *Incertain?*Pourriez-vous préciser cela.

***

Kapitel 11: Savoir vivre avec les bons conseils

1. Je vous conseille …/Que pourrais-je faire pour …/A votre place …/ Et si on prenait un chien?
2. a) A ta place – Tu m'agaces. b) Je te recommande/conseille. Ne t'en fais pas/Ne t'inquiète pas. c) Je vous conseille. Mêlez-vous de vos affaires. d) Il vaudrait … – Vous pensez?
3. **Übersetzung**
   Excusez, monsieur, j'ai un petit problème. Je suis tombé en panne d'essence. Qu'est-ce que je dois faire? – A votre place, je téléphonerais le service de dépannage.

***

Kapitel 12: Permettre et défendre

1. a) dérange … – le faut; b) je pourrais … – entendu; c) êtes d'accord … – que cela ne soit d) autorisez … – il est défendu de…
2. Il est interdit de … j'aimerais que vous me le permettiez … est-ce que tu permets …

***

Kapitel 13: L'art de critiquer

1. (C'est un scandale …/Je suis désolée …; Ce n'est pas fameux (terrible)…
2. d
3. a) Ça vous ennuierait d'éteindre votre cigarette? b) Tu m'énerves. Ne fais donc pas tant de bruit/Fais donc moins de bruit. c) J'en ai assez. C'est insupportable/C'est difficile à supporter. d) Je suis vraiment désolé. Je ne l'ai pas fait exprès.

***

Kapitel 14: Directives, ordres, menaces

1. Que faut-il faire … Il faut … Dois-je … Nous exigeons qu'on …
2. a) Garçon, apportez la carte, s'il vous plaît.
   b) Il faut toujours dire la vérité.
   c) Il ne fallait pas boire tellement.
   d) Il est obligatoire de mettre la ceinture de sécurité.
   e) Tu devrais fumer moins.
   f) Il est grand temps qu'on parte/de partir.

***

Kapitel 15: Le français du doute

1. Je ne sais pas./Je n'ai pas la moindre idée./Aucune idée.
2. a) Alors là, j'ai mes doutes. b) Je n'en suis pas trop sûr(e). c) Je n'en suis pas tout à fait certain(e). d) Je n'y comprends rien … ça m'étonnerait …

***

Kapitel 16: Etre sûr de son fait

1. Il me semble … C'est certain ça? … Bien sûr! 2. Je suppose que 3. Je parie que … Sans doute …

***

Kapitel 17: Exprimer étonnement et surprise

1. Etonnant! … Impressionnant! … Incroyable! … Sans blague!
2. Que c'est beau! … On croit rêver.

rororo sprachen

Herausgegeben von Ludwig Moos

Gunther Bischoff
Speak you English?
Programmierte Übung zum Verlernen typisch deutscher Englischfehler (6857)
Managing Manager English
Gekonnt verhandeln lernen durch Üben an Fallstudien (7129)
Better times
Programm zum Gebrauch der englischen Zeiten (7987)

René Bosewitz/Robert Kleinschroth
Joke Your Way Through English Grammar
Wichtige Regeln zum Anlachen (8527)

René Bosewitz/Hartmut Breitkreuz
Do up your Phrasals
Fünfhundert Wendungen wichtiger Verben (8344)

Claire Bretécher/Isabelle Jue/Nicole Zimmermann
Le Français avec les Frustrés
Ein Comic-Sprachhelfer (8423)

Ahmed Haddedou
Questions Grammaticales de A à Z
Tout ce que vous avez toujours voulu savoir sur la grammaire sans jamais oser le demander (8445)

Hans-Georg Heuber/Marie-Thérèse Pignolo
Ne mâche pas tes mots
Nimm kein Blatt vor den Mund! Französische Redewendungen und ihre deutschen Pendants (7472)

SPRACHEN rororo

C 2199/6

Hans-Georg Heuber
Talk one's head off
Ein Loch in den Bauch reden
Englische Redewendungen und ihre deutschen «opposite numbers» (7653)

Emer O'Sullivan/Dietmar Rösler
Modern Talking
Englisches Quasselbuch mit Sprüchen und Widersprüchen (8427)

Mario Parisi/Liborio Pepi
Parole Espresse
Italienisches Quasselbuch mit Sprüchen und Widersprüchen (8434)

Ernest Pasakarnis
Grammar Questions from A – Z
Everything you always wanted to know about Grammar but were afraid to ask (8359)
The Word Lover's Guide to How Words Work
Ein moderner Vokabeltrainer (8426)
Master your Idioms
Der Schlüssel zu den englischen Redewendungen (8491)

Senzaparole
Finalmente in Italia
Italienischkurs für wenig und weiter Fortgeschrittene (8471)

Jacques Soussan
Pouvez-vous Français?
Programmierte Übung zum Verlernen typisch deutscher Französischfehler (6940)

A·N·D·E·R·S·R·E·I·S·E·N

LÄNDER

Jürgen Humburg/Conrad Lay/
Michaela Wunderle
Italien (7515)

Rainer Karbe/Ute Latermann-Pröpper
Kreta (7569)

Roland Motz/Gaby Otto
Mexico (7574)

Gunnar Köhne
Norwegen (7593) Juni '91

Frida Bordon
Sizilien (7595)

Helmuth Bischoff
Spanien (7567)

Michael Kadereit
Toskana/Umbrien (7521)

Hanne Straube
Türkei (7597)

Hubertus Knabe
Ungarn (7584)

Till Bartels (Herausgeber)
USA (7586)

Herausgegeben
von
Ludwig Moos

SACHBUCH rororo

C 2400/1 b

A·N·D·E·R·S·R·E·I·S·E·N

Herausgegeben
von
Ludwig Moos

STÄDTE

Roland Günter
Amsterdam (7506)

zitty-Illustrierte Stadtzeitung
Berlin (9061)

Manfred Waffender/Jonathan Walters
London (7502)

Werner W. Wille
New York (7512)

Günter Liehr
Paris (7509)

Peter Kammerer/Henning Klüver
Rom (7514)

Manfred Waffender
San Francisco (7507)

Frida Bordon
Venedig mit Venetien (7570)

Herausgegeben von Falter
Wien (7563)

SACHBUCH rororo

C 2400/1